FICHA CATALOGRÁFICA

(Preparada na Editora)

Kardec, Allan, 1804-1869.

K27v   *Valiosos textos da Revista Espírita* (1858 a 1869), Allan Kardec.
Araras, SP, IDE, 1ª edição, 2020.
p. 288
ISBN 978-85-7341-750-0
1. Espiritismo I. Título.

CDD-133.9
-133.91

Índices para catálogo sistemático:
1. Espiritismo 133.9
2. Espíritos: Comunicações mediúnicas: Espiritismo 133.91

Allan Kardec

*Valiosos
Textos da
Revista Espírita*

(1858 a 1869)

ISBN 978-85-7341-750-0

1ª edição - fevereiro/2020

Copyright © 2020,
Instituto de Difusão Espírita - IDE

Conselho Editorial:
Doralice Scanavini Volk
Wilson Frungilo Júnior

Produção e Coordenação:
Jairo Lorenzeti

Revisão de texto:
Mariana Frungilo Paraluppi

Capa:
Samuel Carminatti Ferrari

Diagramação:
Maria Isabel Estéfano Rissi

INSTITUTO DE DIFUSÃO ESPÍRITA - IDE
Av. Otto Barreto, 1067
CEP 13602-060 - Araras/SP - Brasil
Fone (19) 3543-2400
CNPJ 44.220.101/0001-43
Inscrição Estadual 182.010.405.118
www.ideeditora.com.br
editorial@ideeditora.com.br

Todos os direitos reservados. Nenhuma parte desta publicação pode ser reproduzida, armazenada ou transmitida, total ou parcialmente, por quaisquer métodos ou processos, sem autorização do detentor do copyright.

"*A caridade é a alma do Espiritismo:
Ela resume todos os deveres do homem para
consigo mesmo e para com os seus semelhantes.*"

Allan Kardec

Valiosos Textos da Revista Espírita

(1858 a 1869)

ide

SUMÁRIO

Biografia do Sr. Allan Kardec... 11

1858

A caridade, *São Vicente de Paulo* (Espírito) 23
A fatalidade e os pressentimentos, *São Luís* (Espírito) 30
A inveja, *São Luís* (Espírito)... 36
A preguiça, *São Luís* (Espírito) 39
O orgulho, *São Luís* (Espírito).. 42

1859

A infância, *senhor Nélo* 46
Comunicações espontâneas obtidas nas sessões
 da Sociedade, *Vicente de Paulo,* (Espírito)...................... 50
Os anjos guardiães, *São Luís, Santo Agostinho* (Espíritos)... 52

1860

A caridade material e caridade moral,
 Irmã Rosalie (Espírito) 56
A miséria humana, *Georges* (Espírito)................................ 59
A tristeza e o desgosto, *Georges* (Espírito).......................... 61
A vaidade, *Georges* (Espírito) 63
Alegoria de Lázaro, *Lamennais* (Espírito)........................... 65

Aos médiuns, *François de Salles* (Espírito) 67
O cristianismo, *Lamennais* (Espírito) 69
O homem, *Santa Teresa* (Espírito) 71

1861

A prece, *Fénelon* (Espírito) 73
Da influência moral dos médiuns nas comunicações,
Erasto (Espírito) 75
Diferentes maneiras de fazer a caridade,
Espírito protetor 80
Efeitos da prece, *Espírito familiar* 83
Muitos chamados e poucos escolhidos, *Erasto* (Espírito) 85
Egoísmo e orgulho, *Pascal* (Espírito) 89
Organização do espiritismo, *Allan Kardec* 91
Os três tipos, *Gérard de Nerval* (Espírito) 118
Os três tipos (continuação), *Gérard de Nerval* (Espírito) 120

1862

A fé, a esperança e a caridade, *Georges, Felícia,
Adolphe Dupuch* (Espíritos) 125
A vingança, *Pierre Ange* (Espírito) 132
A vinha do senhor, *Santo Agostinho* (Espírito) 134
Aos membros da Sociedade Espírita de Paris partindo
para a Rússia, *Santo Agostinho* (Espírito) 137
Instrução moral, *Lacordaire* (Espírito) 141
O anjo guardião, *Ducis* (Espírito) 144
O duelo, *Antoine* (Espírito) 146
O Espiritismo filosófico, *Bernardin* (Espírito) 154
O Espiritismo e o Espírito maligno,
Hippolyte Fortoul (Espírito) 159
O perdão, *Lamennais* (Espírito) 166
Os mártires do espiritismo, *Santo Agostinho, Lázaro,
Lamennais* (Espíritos) 168
Uma telha, *O Espírito de verdade* 175

1863

A lei do progresso, *Espírito protetor* 178
Bem-aventurados os que têm os olhos fechados,
   Vianney, cura d'Ars (Espírito) 181
Conhecer-se a si mesmo, *La fontaine* (Espírito) 185
Max, o mendigo 187
O arrependimento, *João* (Espírito) 192
O dever, *Lázaro* (Espírito) 194
O livre-arbítrio e a presciência divina, *Espírito familiar* 197
Os conflitos, *Erasto* (Espírito) 200
Paz aos homens de boa vontade, *F.D.* (Espírito) 209

1864

Aos obreiros, *João* (Espírito) 213

1865

A chave do céu, *Lacordaire* (Espírito) 215
A fé, *Demeure* (Espírito) 223

1866

Do consentimento à prece, *Espírito protetor* 225
Instruções para o Sr. Allan Kardec, *Demeure* (Espírito) ... 231
O Espiritismo obriga, *Louis de France* (Espírito) 236

1867

A solidariedade, *Um Espírito* 242
Comunicação coletiva 245

1868

A melhor propaganda, *Um Espírito* 254
Sessão anual comemorativa dos mortos, *Allan Kardec* . 257

1869

Discursos pronunciados sobre o Túmulo de Allan Kardec
   em nome da Sociedade Espírita de Paris 275
O agente de propagação mais poderoso é o exemplo,
   Allan Kardec (Espírito) 279
Dissertações Espíritas, *Allan Kardec* (Espírito) 282

BIOGRAFIA DO SR. ALLAN KARDEC

1869, maio.

É AINDA SOB O GOLPE DA DOR PROFUNDA CAUSADA pela partida prematura do venerável fundador da Doutrina Espírita, que assumimos uma tarefa, simples e fácil para suas mãos sábias e experimentadas, mas cujo peso e gravidade nos oprimiriam, se não contássemos com o concurso eficaz dos bons Espíritos e a indulgência de nossos leitores.

Quem, dentre nós, poderia, sem ser tachado de presunçoso, gabar-se de possuir o espírito de método e de organização do qual se iluminam todos os trabalhos do mestre? Só sua poderosa inteligência podia concentrar tantos materiais diversos, e triturá-los, transformá-los, para derramá-los em seguida, como um orvalho benfazejo, sobre as almas desejosas de conhecer e de amar.

Incisivo, conciso, profundo, ele sabia agradar e se fazer compreender numa linguagem ao mesmo tempo simples e elevada, tão afastada do estilo familiar quanto das obscuridades da metafísica.

Multiplicando-se sem cessar, até aqui, ele conseguira bastar a tudo. No entanto, o crescimento diário de suas relações e o desenvolvimento incessante do Espiritismo, o fizeram sentir a necessidade de reunir alguns ajudantes auxiliares e preparar, simultaneamente, a nova organização da Doutrina e de seus trabalhos, quando nos deixou para ir a um mundo melhor, recolher a sanção da missão cumprida e reunir os elementos de uma nova obra de devotamento e de sacrifício.

Ele era só!... Nós nos chamaremos *legião* e, embora fracos e inexperientes que sejamos, temos a íntima convicção de que nos manteremos à altura da situação, se, partindo dos princípios estabelecidos e de uma evidência incontestável, nós nos fixarmos em executar, tanto quanto nos será possível e segundo as necessidades do momento, os projetos de futuro que o próprio Sr. Allan Kardec se propunha cumprir.

Enquanto estivermos nesse caminho, e todas as boas vontades se unirem num comum esforço pelo progresso e pela regeneração intelectual e moral da Humanidade, o Espírito do grande filósofo estará conosco e nos secundará com sua poderosa influência. Possa ele suprir a nossa insuficiência, e possamos nós nos tornar dignos de seu concurso, em nos consagrando à obra com o mesmo devotamento e sinceridade, embora sem tanta ciência e inteligência!

Ele havia escrito, sobre a sua bandeira, estas palavras: *Trabalho, solidariedade, tolerância.* Sejamos, como ele, infatigáveis; sejamos, segundo seus votos, tolerantes e solidários, e não temamos seguir o seu exemplo, reconsiderando princípios ainda em discussão quantas vezes forem necessárias. Apelemos a todos os concursos, a todas as luzes. Tentaremos avançar com certeza antes do que com rapidez, e nossos esforços não serão infrutíferos, se, como disto estamos persuadidos, e como disto daremos os primeiros o exemplo, cada um se fixar em cumprir seu dever, pondo de lado toda questão pessoal a fim de contribuir para o bem geral.

Não poderíamos entrar, sob auspícios mais favoráveis, na nova fase que se abre para o Espiritismo, do que em fazendo conhecer, aos nossos leitores, num rápido esboço, o que foi, durante toda a sua vida, o homem íntegro e honrado, o sábio inteligente e fecundo, cuja memória se transmitirá aos séculos futuros, cercada da auréola dos benfeitores da Humanidade.

Nascido em Lyon, a 3 de outubro de 1804, de uma antiga família que se distinguiu na magistratura e na advocacia, o Sr. Allan Kardec (*Léon-Hippolyte-Denizard Rivail*) não seguiu essa carreira. Desde sua primeira juventude, sentiu-se atraído para o estudo das ciências e da filosofia.

Educado na Escola de Pestalozzi, em Yverdun (Suíça), tornou-se um dos discípulos mais eminentes do célebre professor, e um dos propagadores zelosos de seu sistema educacional, que exerceu uma grande influência na reforma dos estudos na Alemanha e na França.

Dotado de uma inteligência notável e atraído para o ensino por seu caráter e suas aptidões especiais, desde a idade de quatorze anos, ensinava o que sabia aos seus condiscípulos que haviam aprendido menos do que ele. Foi nessa escola que se desenvolveram as ideias que deveriam, mais tarde, colocá-lo na classe dos homens de progresso e dos livres-pensadores.

Nascido na religião católica, mas educado num país protestante, os atos de intolerância que teve de suportar a esse respeito fizeram-no, em boa hora, conceber a ideia de uma reforma religiosa, na qual trabalhou em silêncio durante longos anos, com o pensamento de chegar à unificação das crenças; mas lhe faltava o elemento indispensável à solução desse grande problema.

O Espiritismo veio, mais tarde, fornecer-lhe e imprimir uma direção especial aos seus trabalhos.

Terminados seus estudos, veio para a França. Conhecendo a fundo a língua alemã, traduzia para a Alemanha diferentes obras de educação e de moral, e, o que é característico, as obras de Fénelon, que o haviam particularmente seduzido.

Ele era membro de várias sociedades científicas, entre outras, da Academia Real de Arras, que, em seu concurso de 1831, coroou-o por um memorial notável sobre esta pergunta: *"Qual é o sistema de estudos mais em harmonia com as necessidades da época?"*

De 1835 a 1840, fundou, em seu domicílio, à rua de Sèvres, dois cursos gratuitos, onde ensinava a Química, a Física, a Anatomia comparada, a Astronomia, etc.; empreendimento digno de elogios em todos os tempos, mas sobretudo numa época onde um pequeníssimo número de inteligências se arriscavam a enveredar por esse caminho.

Constantemente preocupado em tornar atraentes e interessantes os sistemas de educação, ele inventou, ao mesmo tempo, um método engenhoso para ensinar a contar e uma tabela mnemônica da história da França, tendo por objetivo fixar na memória as datas dos acontecimentos notáveis e das grandes descobertas que ilustraram cada reinado.

Entre as suas numerosas obras de educação, citaremos as seguintes: *Plano proposto para a melhoria da instrução pública* (1828); *Curso prático e teórico de Aritmética*, segundo o método de Pestalozzi, para uso dos professores e das mães de família (1829); *Gramática francesa clássica* (1831); *Manual dos exames para os diplomas de capacidade; Soluções lógicas das questões e problemas de Aritmética e de Geometria* (1846); *Catecismo gramatical da língua francesa* (1848);

Programa dos cursos usuais de Química, Física, Astronomia, Fisiologia, que ele professava no LYCÉE POLYMATIQUE; *Ditados normais dos exames do Hôtel-de-Ville e da Sorbonne,* acompanhados de *Ditados especiais sobre as dificuldades ortográficas* (1849), obra muito estimada na época de seu aparecimento, e da qual, recentemente, ainda ele fez tirar novas edições.

Antes que o Espiritismo viesse popularizar o pseudônimo Allan Kardec, ele havia, como se vê, sabido ilustrar, por trabalhos de uma natureza toda diferente, mas também tendo por objetivo esclarecer as massas e fazê-las interessar-se mais à sua família e ao seu país.

"Por volta de 1850, desde que se discutia a manifestação dos Espíritos, o Sr. Allan Kardec se entregou a observações perseverantes sobre esse fenômeno e fixou-se principalmente em lhes deduzir as consequências filosóficas. Ali entreviu primeiro o princípio de novas leis naturais: as que regem as relações do mundo visível e do mundo invisível; reconheceu na ação deste último uma das forças da Natureza, cujo conhecimento deveria lançar a luz sobre uma multidão de problemas, reputados insolúveis, e compreendeu-lhe a importância sob o ponto de vista religioso.

"Suas principais obras sobre essa matéria são: *O Livro dos Espíritos,* para a parte filosófica, e cuja primeira edição apareceu em 18 de abril de 1857; *O Livro dos Médiuns*, para a parte experimental e científica (janeiro de 1861); *O Evangelho Segundo o Espiritismo*, para a parte moral (abril de 1864); *O Céu e o Inferno*, ou a justiça de Deus segundo o Espiritismo (agosto de 1865); *A Gênese, os milagres e as predições* (janeiro de 1868); a *Revista Espírita, jornal de estudos psicológicos*, periódico mensal começado em 1º de janeiro de 1858. Ele fundou em Paris, em 1º de abril de 1858, a primeira Sociedade espírita regularmente constituída sob o nome de *Sociedade Parisiense dos Estudos Espíritas*, cujo objetivo exclusivo era o estudo desta nova ciência. O Sr. Allan Kardec se defendeu a justo título de nada ter escrito sob a influência de ideias preconcebidas ou sistemáticas; homem de um caráter frio e calmo, observou os fatos, e de suas observações deduziu as leis que os regem; o primeiro a dar-lhe a teoria e com ela formou um corpo metódico e regular.

"Em demonstrando que os fatos falsamente qualificados de sobrenaturais estão submetidos a leis, fê-los entrar na ordem dos fenômenos da Natureza, e destruiu, assim, o último refúgio do maravilhoso e um dos elementos da superstição.

"Durante os primeiros anos em que se discutiam os fenômenos espíritas, essas manifestações foram antes um objeto de curiosidade do que um assunto de meditações sérias; *O Livro dos Espíritos* fez com que se encarasse esse assunto sob um diferente aspecto; então, abandonaram as mesas girantes, que não haviam sido senão um prelúdio, e deu início a um corpo de doutrina que abarcava todas as questões que interessavam à Humanidade.

"Do aparecimento de *O Livro dos Espíritos* data a verdadeira fundação do Espiritismo, que, até então, não possuía senão os elementos esparsos sem coordenação, e cuja importância não havia podido ser compreendida por todo mundo; desse momento também, a doutrina fixa a atenção dos homens sérios e toma um desenvolvimento rápido. Em poucos anos, essas ideias encontraram numerosos adeptos em todas as classes da sociedade e em todos os países. Esse sucesso, sem precedente, sem dúvida, prendeu-se às simpatias que essas ideias encontraram, mas é devido também, em grande parte, à clareza, que foi uma das características distintivas dos escritos de Allan Kardec.

"Em se abstendo das fórmulas abstratas da Metafísica, o autor soube se fazer ler sem fadiga, condição essencial para a vulgarização de uma ideia. Sobre todos os pontos de controvérsia, sua argumentação, de uma lógica rigorosa, oferece pouca contenda à refutação e predispõe à convicção. As provas materiais que o Espiritismo apresenta da existência da alma e da vida futura tendem à destruição das ideias materialistas e panteístas. Um dos princípios mais fecundos dessa doutrina, e que decorre do precedente, é o da *pluralidade das existências*, já entrevisto por uma multidão de filósofos antigos e modernos, e, nestes últimos tempos, por *Jean Reynaud, Charles Fourier, Eugène Sue* e outros; mas tinha ficado no estado de hipótese e de sistema, ao passo que o Espiritismo lhe demonstra a realidade e prova que é um dos atributos essenciais da Humanidade. Desse princípio decorre a solução de todas as anomalias aparentes da vida humana, de todas as desigualdades intelectuais, morais e sociais; o homem sabe, assim, de onde vem, para onde vai, para que fim está sobre a Terra e por que nela sofre.

"As ideias inatas se explicam pelos conhecimentos adquiridos nas vidas anteriores; a marcha dos povos e da Humanidade, pelos homens dos tempos passados que revivem depois de terem progredido; as simpatias e as antipatias, pela natureza das relações anteriores; essas relações, que religam a grande família humana de todas as épocas, dão por base as próprias leis da Natureza, e não mais uma teoria, aos grandes princípios de fraternidade, de igualdade, de liberdade e de solidariedade universal.

"Em lugar do princípio: *Fora da Igreja não há salvação*, que mantém a divisão e a animosidade entre as diferente seitas, e que fez verter tanto sangue, o Espiritismo tem por máxima: *Fora da Caridade não há salvação*, quer dizer, a igualdade entre os homens diante de Deus, a tolerância, a liberdade de consciência e a benevolência mútua.

"Em lugar da *fé cega* que anula a liberdade de pensar, diz ele: *Não há fé inabalável senão aquela que pode encarar a razão face a face em todas as épocas da Humanidade. À fé é preciso uma base, e esta base é a inteligência perfeita do que se deve crer; para crer, não basta ver, sobretudo, é preciso compreender. A fé cega não é mais deste século; ora, é precisamente o dogma da fé cega que faz hoje um maior número de incrédulos, porque ela quer se impor e ela exige a abdicação de uma das mais preciosas faculdades do homem: o raciocínio e o livre-arbítrio."* (O Evangelho Segundo o Espiritismo).

Trabalhador infatigável, sempre o primeiro e o último à obra, Allan Kardec sucumbiu, a 31 de março de 1869, no meio dos preparativos de uma mudança de local, necessária pela extensão considerável de suas múltiplas ocupações. Numerosas obras que ele estava a ponto de terminar, ou que esperavam o tempo oportuno para aparecer, virão um dia provar mais ainda a extensão e a força de suas concepções.

Ele morreu como viveu, trabalhando. Havia muitos anos, sofria de uma doença de coração que não podia ser combatida senão pelo repouso intelectual e apenas pequena atividade material; mas, inteiramente dedicado à sua obra, recusava-se a tudo o que pudesse absorver um de seus instantes, às expensas de suas ocupações prediletas. Nele, como em todas as almas de forte têmpera, a lâmina gastou a *bainha*.

Seu corpo se entorpecia e lhe recusava seus serviços, mas seu Espírito, mais vivo, mais enérgico, mais fecundo, estendia sempre mais o círculo de sua atividade.

Nessa luta desigual, a matéria não podia eternamente resistir. Um dia, ela foi vencida; o aneurisma se rompeu, e Allan Kardec tombou fulminado. Um homem faltava à Terra, mas um grande nome tomava lugar entre as ilustrações deste século, um grande Espírito ia se retemperar no Infinito, onde todos aqueles que ele havia consolado e esclarecido esperavam impacientemente a sua vinda!

"A morte, dizia ele recentemente ainda, a morte atinge em golpes redobrados nas classes ilustres!... A quem virá ela agora libertar?"

E foi, depois de tantos outros, recobrar-se no espaço, procurar elementos novos para renovar seu organismo usado por uma vida de labores incessantes. Partiu com aqueles que serão os faróis da nova geração, para retornar logo com eles a fim de continuar e acabar a obra deixada em mãos devotadas.

O homem não está mais, mas a alma ficará entre nós; será um protetor seguro, uma luz a mais, um trabalhador infatigável do qual se acresceram as falanges do espaço. Como sobre a Terra, sem ferir ninguém, ele saberá fazer cada um ouvir os conselhos convenientes; ele temperará o zelo prematuro dos ardentes, secundará os sinceros e os desinteressados, e estimulará os tépidos. Hoje ele vê, sabe tudo o que previa há pouco tempo ainda! Não está mais sujeito nem às incertezas, nem aos desfalecimentos, e nos fará partilhar da sua convicção em nos fazendo tocar com o dedo no objetivo, em nos designando o caminho, naquela linguagem clara, precisa, que dele fez um tipo nos anais literários.

O homem não está mais, nós o repetimos, mas Allan Kardec é imortal, e sua lembrança, seus trabalhos, seu Espírito estarão sempre com aqueles que sustentarem firme e fortemente a bandeira que ele sempre soube fazer respeitar.

Uma individualidade poderosa constituiu a obra; era o guia e a luz de todos. A obra, sobre a Terra, nos tomará lugar do indivíduo. Os seguidores se reunirão em torno de Allan Kardec; reunir-se-ão em torno do Espiritismo tal como ele o constituiu e, por seus conselhos, sob sua influência, avançaremos com passos certos para as fases felizes prometidas à Humanidade regenerada.

A CARIDADE

Pelo Espírito *São Vicente de Paulo*.

1858, agosto.

SEDE BONS E CARIDOSOS, EIS A CHAVE DOS CÉUS QUE tendes em vossas mãos; toda a felicidade eterna está encerrada nesta máxima: amai-vos uns aos outros. A alma não pode se elevar às regiões espirituais senão pelo devotamento ao próximo; não encontra felicidade e consolação senão no impulso da caridade; sede bons, sustentai vossos irmãos, deixai de lado essa horrível chaga de egoísmo; esse dever cumprido deve vos abrir o caminho da felicidade eterna. De resto, dentre vós, quem não sentiu seu coração pulsar, sua alegria interior dilatar-se pela ação de uma obra caridosa? Não deveríeis pensar senão nessa espécie de volúpia, que uma boa ação proporciona, e permaneceríeis, sempre, no caminho do progresso espiritual. Os exemplos não faltam; não há senão a boa vontade, que é rara. Vede a multidão de homens de bem, dos quais vossa história vos evoca a piedosa lembrança. Eu vo-los citaria aos milhares aqueles cuja moral não tinha por objetivo senão melhorar vosso globo. O Cristo não vos disse tudo o que concerne a essas virtudes de caridade e de amor? Por que deixar de lado esses divinos ensinamentos? Por que fechar os ouvidos às suas divinas palavras, o coração a todas essas doces máximas? Gostaria que as leituras evangélicas fossem feitas com mais interesse pessoal; abandona-se esse livro, dele se faz uma palavra oca. Uma carta fechada; deixa-se esse código admirável no esquecimento: vossos males não provêm senão do abandono voluntário em que deixais esse resumo das leis divinas. Lede, pois, essas páginas ardentes do devotamento de Jesus, e meditai-as. Estou envergonhado comigo mesmo de ousar vos prometer um trabalho sobre a caridade, quando penso que nesse livro encontrareis todos os ensinamentos que devem vos conduzir, pela mão, às regiões celestes.

Homens fortes, cingi-vos; homens fracos, fazei-vos armas de vossa doçura, de vossa fé; tende mais persuasão, mais constância na propagação de vossa nova doutrina; não é senão um encorajamento que viemos vos dar; senão para estimular vosso zelo e vossas virtudes que Deus nos permite nos manifestar a vós; mas, querendo, não se teria necessidade senão da ajuda de Deus e de vossa própria vontade: as manifestações espíritas não são feitas senão para os de olhos fechados e os de corações indóceis. Há, entre vós, homens que têm a cumprir missões de amor e de caridade; escutai-os, elevai sua voz; fazei resplandecer seus méritos, e vos exaltareis a vós mesmos pelo desinteresse e pela fé viva com a qual vos penetrarão.

As advertências detalhadas seriam muito longas para dar, sobre a necessidade de alargar o círculo da caridade, e dela fazer participar todos os infelizes, cujas misérias são ignoradas, todas as dores que devem ser procuradas, em seus redutos, para consolá-los em nome desta virtude divina: a caridade. Vejo com felicidade quantos homens eminentes e poderosos ajudam esse progresso que deve ligar, entre elas, todas as classes humanas: os felizes e os infelizes. Os infelizes, coisa estranha, se dão todos a mão e sustentam suas misérias, uns pelos outros. Por que os felizes são mais retardatários para escutarem a voz dos infelizes? Por que é preciso que seja mão possante e terrestre que dê o impulso às missões caridosas? Por que não se responde com mais ardor a esses chamados? Por que deixar as misérias mancharem, como por prazer, o quadro da Humanidade?

A caridade é a virtude fundamental que deve sustentar todo o edifício das virtudes terrestres; sem ela, as outras não existem: sem caridade, não há fé nem esperança; porque, sem a caridade, não há esperança em uma sorte melhor, nenhum interesse moral que nos guie. Sem a caridade, não há fé, porque a fé não é senão um raio puro que faz brilhar uma alma caridosa; é a sua consequência decisiva.

Quando deixar o coração se abrir ao pedido do

primeiro infeliz que vos estende a mão; quando lhe der sem perguntar se sua miséria não é fingida, ou se o mal num vício lhe é causa; quando deixar toda justiça nas mãos divinas; quando deixar o castigo das misérias mentirosas ao Criador; enfim, quando fizer a caridade tão só pela felicidade que ela proporciona, e sem procurar a sua utilidade, então, sereis os filhos que Deus amará e que Ele chamará para si.

A caridade é a âncora eterna da salvação em todos os globos: é a mais pura emanação do próprio Criador; é Sua a própria virtude, que Ele dá à criatura. Como desejaríeis desconhecer essa suprema bondade? Qual seria, com esse pensamento, o coração bastante perverso para pisotear e enxotar esse sentimento todo divino? Qual seria o filho bastante mau para se revoltar contra essa doce carícia: a caridade?

Não ouso falar daquilo que fiz, porque os Espíritos também têm o pudor das suas obras, mas creio que a obra que comecei é uma daquelas que devem mais contribuir para o alívio de vossos semelhantes. Vejo, frequentemente, Espíritos pedirem, por missão, a continuação de minha obra; eu as vejo, minhas doces e caras irmãs, em seu piedoso e divino ministério; vejo-as praticar as virtudes, que vos recomendo, com toda a alegria que proporciona essa existência de devotamento e de sacrifício; é uma grande felicidade, para mim, ver quanto o seu caráter é honroso, quanto sua missão é amada e docemente protegida. Homens de bem, de boa e forte vontade, uni-vos para continuar, grandemente, a obra de propagação de caridade; encontrareis a recompensa dessa virtude pelo seu próprio exercício; não há alegria espiritual que ela não dê desde a vida presente. Sede unidos; amai-vos uns aos outros, segundo os preceitos do Cristo. Assim seja.

Agradecemos a São Vicente de Paulo pela bela e boa comunicação que consentiu em nos dar. – Gostaria que fosse proveitosa a todos.

Poderíeis nos permitir algumas perguntas complementares a respeito do que acabais de nos dizer? – R. Eu o desejo muito; meu objetivo é vos esclarecer, perguntai o que quiserdes.

1. A caridade pode entender-se de dois modos: a esmola propriamente dita e o amor aos semelhantes. Quanto nos dissestes que é preciso deixar seu coração abrir ao pedido do infeliz que nos estende a mão, sem perguntar se sua miséria não é fingida, não quisestes falar da caridade do ponto de vista da esmola? – R. Sim, unicamente nesse parágrafo.

2. Dissestes que é preciso deixar à justiça de Deus a apreciação da miséria fingida; parece-nos, entretanto, que dar sem discernimento às pessoas que não têm necessidade, ou que poderiam ganhar sua vida por um trabalho honroso, é encorajar o vício e a preguiça. Se os preguiçosos encontrassem, muito facilmente, a bolsa dos outros abertas, eles se multiplicariam ao infinito, em prejuízo dos verdadeiros infelizes. – R. Podeis discernir aqueles que podem trabalhar, e

então a caridade vos obriga tudo fazer para lhes proporcionar trabalho; mas há, também, pobres mentirosos que sabem simular o jeito das misérias que não têm; é para estes que é preciso deixar a Deus toda a justiça.

3. Aquele que não pode dar senão cinco francos, e deve escolher entre dois infelizes que lhe pedem, não tem razão em perguntar quem tem, realmente, maior necessidade, ou deve dar sem exame ao primeiro que chega? – R. Deve dar àquele que pareça ser o mais sofredor.

4. Não se pode considerar, também, como fazendo parte da caridade, a maneira de praticá-la? – R. É, sobretudo, na maneira pela qual se presta o serviço que a caridade é verdadeiramente meritória; a bondade é, sempre, o indício de uma alma bela.

5. Que gênero de mérito concedeis àqueles que chamam benfeitores ásperos? – R. Não fazem o bem senão pela metade. Recebem seus benefícios, mas eles não comovem.

6. Jesus disse: "Que vossa mão direita não saiba o que dá a vossa mão esquerda." Aqueles que dão por ostentação têm alguma espécie de mérito? – R. Não têm senão o mérito do orgulho, pelo qual serão punidos.

7. A caridade cristã, em sua mais larga acepção, não compreende também a doçura, a benevolência e a indulgência pelas fraquezas alheias? – R. Imitai

Jesus; Ele vos disse tudo isso; escutai-O mais do que nunca.

8. A caridade é bem-intencionada quando feita exclusivamente entre as pessoas de uma mesma seita, ou de um mesmo partido? – R. Não; é sobretudo esse Espírito de seita e de partido que é preciso abolir, porque todos os homens são irmãos. É sobre essa questão que concentramos nossos esforços.

9. Suponho um indivíduo que vê dois homens em perigo; deles não pode salvar senão um, mas um é seu amigo e o outro seu inimigo; a quem deve salvar? – R. Deve salvar seu amigo, porque esse amigo poderia reclamar daquele que crê amá-lo; quanto ao outro, Deus se encarregará dele.

Sociedade de estudos espíritas,
sessão de 8 de junho de 1858

A FATALIDADE E OS PRESSENTIMENTOS

1858, março.

Um dos nossos correspondentes nos escreveu o que segue:

"No mês de setembro último, uma embarcação leve, fazendo a travessia de Dunkerque a Ostende, foi surpreendida por um tempo agitado e pela noite; o barquinho sossobra, e das oito pessoas que o tripulavam, quatro perecem; as outras quatro, entre as quais me encontrava, conseguiram se manter sobre a quilha. Permanecemos toda a noite nessa horrível posição, sem outra perspectiva do que a morte, que nos parecia inevitável e da qual experimentamos todas as angústias. Ao amanhecer, tendo o vento nos levado à costa, pudemos ganhar a terra a nado.

"Por que nesse perigo, *igual para todos,* só quatro pessoas sucumbiram? Anotai que, por minha parte, é a sexta ou sétima vez que escapo de um perigo tão iminente, e quase nas mesmas circunstâncias.

Sou verdadeiramente levado a crer que mão invisível me protege. Que fiz para isso? Não sei muito; sou sem importância e sem utilidade neste mundo, e não me gabo de valer mais do que os outros; longe disso: havia, entre as vítimas do acidente, um digno eclesiástico, modelo de virtudes evangélicas, e uma venerável irmã de São Vicente de Paulo, que iam cumprir uma santa missão de caridade cristã. A fatalidade me parece ter um grande papel no meu destino. Os Espíritos não estariam nela para alguma coisa? Seria possível ter, por eles, uma explicação a esse respeito, perguntando-lhes, por exemplo, se são eles que provocam ou afastam os perigos que nos ameaçam?..."

Conforme o desejo de nosso correspondente, dirigimos as perguntas seguintes ao Espírito São Luís, que gosta de se comunicar conosco todas as vezes que há uma instrução útil para dar.

1. Quando um perigo iminente ameaça alguém, é um Espírito que dirige o perigo, e quando dele escapa, é um outro Espírito que o afasta?

Resp. Quando um Espírito se encarna, escolhe uma prova; escolhendo-a se faz uma espécie de destino, que não pode mais conjurar, uma vez que a ele está submetido; falo de provas físicas. Conservando o Espírito no seu livre-arbítrio, sobre o bem e o mal, é sempre o senhor para suportar ou repelir a prova; um bom Espírito, vendo-o enfraquecer, pode vir em sua ajuda, mas não pode influir sobre ele, de maneira a dominar a sua vontade. Um Espírito mau, quer dizer, inferior, mostrando-lhe, exagerando-lhe um perigo físico, pode abalá-lo e amedrontá-lo, mas a vontade do Espírito encarnado não fica menos livre de todo entrave.

2. Quando um homem está no ponto de perecer por acidente, me parece que livre-arbítrio nisso não vale nada. Pergunto, pois, se é um mau Espírito que provoca esse acidente, que dele é, de algum modo, o agente; e, no caso em que se livra do perigo, se um bom espírito veio em sua ajuda.

Resp. O bom Espírito ou o mau Espírito não pode senão sugerir bons ou maus pensamentos, segundo a sua natureza. O acidente está marcado no destino do homem. Quando a tua vida é posta em perigo, trata-se de uma advertência que tu mesmo a desejaste, a fim de te desviares do mal e de te tornares melhor. Quando tu escapas desse perigo, ainda sob a influência do perigo que correste, pensas mais ou menos fortemente, segundo a ação mais ou menos forte dos bons Espíritos, em te tornares melhor. O mau Espírito sobrevindo (digo mau subentendendo que o mal ainda está nele), pensas que escaparás do mesmo modo de outros perigos e deixas, de novo, tuas paixões se desencadearem.

3. A fatalidade que parece presidir aos destinos materiais de nossas vidas seria, pois, ainda o efeito do nosso livre-arbítrio?

Resp. Tu mesmo escolheste tua prova: quanto

mais ela é rude, melhor tu a suportes, mais tu te elevas. Aqueles que passam sua vida em abundância e na felicidade humana, são Espíritos frouxos que permanecem estacionários. Assim, o número dos infortunados sobrepuja em muito o dos felizes desse mundo, tendo em vista que os Espíritos procuram, em maior parte, a prova que lhes será a mais frutífera. Eles veem muito bem a futilidade de vossas grandezas e de vossas alegrias. Aliás, a vida mais feliz é sempre agitada, sempre perturbada, não seria isso senão pela ausência da dor.

4. Compreendemos perfeitamente essa doutrina, mas isso não nos explica se certos Espíritos têm uma ação direta sobre a causa material do acidente. Suponhamos que no momento em que um homem passa sobre uma ponte, essa ponte se desmorona. Que impeliu o homem a passar nessa ponte?

Resp. Quando um homem passa sobre uma ponte que deve se romper, não é um Espírito que o conduz a passar nessa ponte, é o instinto do seu destino que para lá o leva.

5. O que fez desmoronar a ponte?

Resp. As circunstâncias naturais. A matéria tem nelas suas causas de destruição. No caso do qual se trata o Espírito, tendo necessidade de recorrer a um elemento estranho à sua natureza para mover as forças naturais, recorrerá antes à intuição espiritual. Assim tal ponte adiante se rompe, a água tendo desconjuntado as pedras que a compõem, a ferrugem tendo corroído a corrente que a suspende, o Espírito, digo eu, insinuará antes ao homem para que passe por essa ponte do que fazer romper uma outra sob seus passos. Aliás, tendes uma prova material do que eu adianto: qualquer acidente que chegue sempre naturalmente, quer dizer, de causas que se ligam umas às outras, e se conduzem insensivelmente.

6. Tomemos um outro caso no qual a destruição da matéria não seja a causa do acidente. Um homem mal intencionado atira sobre mim, a bala me roça, não me atinge. Um Espírito benevolente pode tê-la desviado?

Resp. Não.

7. Os Espíritos podem nos advertir diretamente de um perigo? Eis um fato que parece confirmá-lo: uma mulher saía de sua casa e seguia pelo *boulevar*. Uma voz íntima lhe diz: Vai-te; retorna para tua casa. Ela hesita. A mesma voz se faz ouvir várias vezes; então ela volta sobre seus passos; mas, reconsiderando, ela se diz: que vou fazer em minha casa? Dela sai; é sem dúvida um efeito de minha imaginação. Então, ela continua o seu caminho. A alguns passos dali, uma viga que se soltou de uma casa atinge-lhe a cabeça e a derruba inconsciente. Qual era essa voz? Não foi um pressentimento do que ia acontecer a essa mulher?

Resp. A do instinto; aliás, nenhum pressentimento tem tais caracteres: sempre são vagos.

8. Que entendeis pela voz do instinto?

Resp. Entendo que o Espírito, antes de se encarnar, tem conhecimento de todas as fases de sua existência; quando estas têm um caráter saliente, delas conserva uma espécie de impressão no foro íntimo, e essa impressão, despertando quando o momento se aproxima, torna-se pressentimento.

Nota. As explicações acima reportam-se à fatalidade dos acontecimento materiais. A fatalidade moral está tratada, de modo completo, em *O Livro dos Espíritos.*

Instruções dadas por São Luís.

A INVEJA

1858, julho.

São Luís nos havia prometido, em uma das sessões da Sociedade, uma dissertação sobre a Inveja. O senhor D..., que começava a se tornar médium, e que ainda duvidava um pouco, não da Doutrina da qual era um dos mais fervorosos adeptos, e que compreendia em sua essência, quer dizer, do ponto de vista moral, mas da faculdade que nele se revelava, evocou São Luís, em seu nome particular, e lhe dirigiu a seguinte pergunta:

– Consentiríeis dissipar minhas dúvidas, minhas inquietações, sobre minha força medianímica, escrevendo, por meu intermédio, uma dissertação que havíeis prometido à Sociedade para a terça-feira, 1º de junho?

– R. Sim; para tranquilizá-lo, consinto.

Foi então que o trecho seguinte lhe foi ditado. Anotaremos que o senhor D... se dirigiu a São Luís com um coração puro e sincero, sem prevenção, condição indispensável para toda boa comunicação. Não era uma prova que fazia: ele não duvidava senão de si mesmo, e Deus permitiu que fosse atendido, a fim de lhe dar os meios de se tornar útil. O senhor D... é hoje um dos médiuns mais completos, não só por uma grande facilidade de execução, mas por sua aptidão para servir de intérprete a todos os Espíritos, mesmo aqueles de ordem mais elevada, que se exprimem fácil e voluntariamente por seu intermédio. Aí estão, sobretudo, as qualidades que se devem procurar num médium, e que este pode sempre adquirir com a paciência e o exercício. O senhor D... não teve necessidade de muita paciência; ele tinha em si a vontade e o *fervor* unidos a uma aptidão natural. Alguns dias bastaram para levar sua faculdade ao mais alto grau. Eis o dito que lhe foi feito sobre a Inveja:

"Vede este homem: seu Espírito está inquieto, sua infelicidade terrestre está em seu auge; ele inveja o ouro, o luxo, a felicidade aparente ou fictícia de seu semelhante; seu coração está destroçado, sua alma surdamente consumida por essa luta incessante do orgulho, da vaidade não satisfeita; ele carrega consigo, em todos os instantes de sua miserável existência, uma serpente que ele reaquece, que lhe sugere, sem cessar, os mais fatais pensamentos: "Terei essa volúpia, essa felicidade? Isso me é devido, não obstante, como a estes; sou homem como eles; por que seria deserdado?

E se debate sob sua impotência, vítima dos horríveis suplícios da inveja. Feliz ainda se essas funestas ideias não o levarem para a beira de um abismo. Entrado nesse caminho, ele se pergunta se não deve obter pela violência o que acredita lhe ser devido; se não irá expor, a todos os olhos, o mal horrível que o devora. Se esse infeliz tivesse apenas olhado abaixo de sua posição, teria visto o número daqueles que sofrem sem se lamentar, ainda bendizendo o Criador; porque a infelicidade é um benefício do qual Deus se serve para fazer a pobre criatura avançar para o seu trono eterno.

Fazei vossa felicidade e vosso verdadeiro tesouro sobre a Terra em obras de caridade e de submissão, as únicas que devem contribuir para serdes admitidos no seio de Deus; essas obras do bem farão vossa alegria e vossa felicidade eternas; a Inveja é uma das mais feias e das mais tristes misérias do vosso globo; a caridade e a constante *emissão* da fé farão desaparecer todos esses males, que se irão um a um à medida que os homens de boa vontade, que virão depois de vós, multiplicarem-se. Amém."

*Dissertação moral ditada por
São Luís ao senhor D...*

A PREGUIÇA

Pelo Espírito *São Luís*

1858, junho.

UM HOMEM SAIU DE MADRUGADA E FOI À PRAÇA PÚblica para ajustar trabalhadores. Ora, ele viu dois homens do povo que estavam sentados de braços cruzados. Foi a um deles e o abordou, dizendo: "Que fazes tu aqui?" e este tendo respondido: "Não tenho trabalho", aquele que procurava trabalhadores lhe disse: "Toma tua enxada, e vá ao meu campo, sobre a vertente da colina, onde sopra o vento sul; cortarás a urze e revolverás o solo até que a noite chegue; a tarefa é rude, mas terás um bom salário." E o homem do povo carregou a enxada sobre os ombros, agradecendo-lhe em seu coração.

O outro trabalhador, tendo ouvido isso, ergueu-se do seu lugar e se aproximou dizendo: "Senhor, deixai-me também ir trabalhar em vosso campo"; e o senhor, tendo dito a ambos para segui-lo, caminhou adiante para lhes mostrar o caminho. Depois, quando chegaram à beira da colina, dividiu a obra em duas partes e se foi dali.

Depois que partiu, o último dos trabalhadores que havia contratado pôs, primeiramente, fogo nas urzes do lote que lhe coube em partilha e trabalhou a terra com o ferro de sua enxada. O suor jorrou do seu rosto sob o ardor do sol. O outro o imitou, primeiro murmurando, mas se cansou cedo do seu trabalho e, cravando sua enxada sob o sol, sentou-se perto, olhando seu companheiro trabalhar.

Ora, o senhor do campo veio perto da noite, examinou a obra realizada e, tendo chamado a ele o obreiro diligente, cumprimentou-o dizendo: "Trabalhaste bem; eis teu salário", e lhe deu uma peça de prata, despedindo-o. O outro trabalhador se aproximou também e reclamou o preço de sua jornada, mas o senhor lhe disse: "Mau trabalhador, meu pão não acalmará tua fome, porque deixaste inculta a parte de meu campo que te havia confiado"; não é justo que aquele que nada fez seja recompensado como aquele que trabalhou bem; e o mandou embora sem nada lhe dar.

Eu vos digo, a força não foi dada ao homem, e a inteligência ao seu Espírito, para que consuma seus dias na ociosidade, mas para que seja útil aos seus semelhantes. Ora, aquele cujas mãos sejam desocupadas e o Espírito, ocioso, será punido e deverá recomeçar sua tarefa.

Eu vos digo, em verdade, sua vida será lançada de lado como uma coisa que não foi boa em nada, quando seu tempo se tiver cumprido; compreendei isto por uma comparação. Qual dentre vós, se há em vosso pomar uma árvore que não produz bons frutos, não dirá ao seu servidor: Cortai essa árvore e lançai-a ao fogo, porque seus ramos são estéreis. Ora, do mesmo modo que essa árvore será cortada por sua esterilidade, a vida do preguiçoso será posta de lado porque terá sido estéril em boas obras.

Dissertação moral ditada por São Luís à senhorita Ermance Dufaux.
(5 de maio de 1858)

O ORGULHO

Pelo Espírito *São Luís*

1858, maio.

I

UM ORGULHOSO POSSUÍA ALGUNS HECTARES DE BOA terra; estava vaidoso com as pesadas espigas que cobriam o seu campo e não abaixava senão um olhar de desdém sobre o campo estéril do humilde. Este se levantava ao canto do galo e passava o dia todo curvado sobre o solo ingrato; recolhia pacientemente as pedras e ia jogá-las à beira do caminho; revolvia profundamente a terra e extirpava, penosamente, os espinheiros que a cobriam. Ora, seus suores fecundaram seu campo e resultou em puro frumento.

No entanto, o joio crescia no campo do soberbo e sufocava o trigo, enquanto o senhor ia se glorificar da sua fecundidade e olhava com um olhar de piedade os esforços silenciosos do humilde.

Eu vos digo, em verdade, o orgulho é semelhante

ao joio que sufoca o bom grão. Aquele dentre vós que se crê mais do que seu irmão, e que se glorifica de si, é insensato; mas é sábio esse que trabalha em si mesmo, como o humilde em seu campo, sem tirar vaidade da sua obra.

II

Houve um homem rico e poderoso que detinha o favor do príncipe; habitava palácio, e numerosos servidores se apressavam sobre os seus passos a fim de prevenirem os seus desejos.

Um dia em que suas matilhas forçavam o cervo nas profundezas de uma floresta, percebeu um pobre lenhador que caminhava penosamente sob um fardo de lenha, chamou-o e lhe disse:

— Vil escravo! Por que passas em teu caminho sem te inclinares diante de mim? Sou igual ao soberano, minha voz decide nos conselhos da paz ou da guerra, e os grandes do reino se curvam diante de mim. Sabe que sou sábio entre os sábios, poderoso entre os poderosos, grande entre os grandes, e que a minha elevação é a obra das minhas mãos?

— Senhor! — respondeu o pobre homem — Temi que minha humilde saudação fosse uma ofensa para vós. Sou pobre e não tenho senão os meus braços por todo o bem, mas não desejo as vossas enganosas grandezas. Durmo o meu sono e não temo, como vós, que o prazer do soberano me faça cair em minha obscuridade.

Ora, o príncipe se cansou do orgulho do soberbo; os grandes humilhados se reergueram sobre ele, que foi precipitado do auge do seu poder, como a folha seca que o vento varre do cume de uma montanha; mas o humilde continuou pacificamente seu rude trabalho, sem preocupar-se novamente com o futuro.

III

Soberbo, humilha-te, porque a mão do Senhor curvará o teu orgulho até o pó!

Escuta! Nasceste onde a sorte te colocou; saíste fraco e nu do seio de tua mãe, como o último dos homens. De onde vens, pois, que elevas tua fronte mais alta do que teus semelhantes, tu que nasceste, como eles, para a dor e para a morte?

Escuta! Tuas riquezas e tuas grandezas, vaidades do nada, escaparão das tuas mãos quando o grande dia chegar, como as águas inconstantes das torrentes que o Sol seca. Não carregarás de tua riqueza senão as tábuas do teu caixão, e os títulos gravados sobre a tua pedra tumular serão palavras vazias de sentido.

Escuta! O cão do coveiro brincará com os teus ossos, e eles serão misturados com os ossos do mendigo, e o teu pó se confundirá com o dele, porque um dia vós ambos não sereis senão pó. Então, amaldiçoarás os dons que recebeste vendo o mendigo revestido com a sua glória, e chorarás o teu orgulho.

Humilha-te, soberbo, porque a mão do Senhor curvará o teu orgulho até o pó.

Dissertação moral ditada por São Luís à senhorita Ermance Dufaux.
(19 e 26 de janeiro de 1858.)

A INFÂNCIA

1859, fevereiro.

NÃO CONHECEIS O SEGREDO QUE AS CRIANÇAS ESCONdem em sua inocência; não sabeis o que são, o que foram, nem o que serão; todavia, as amais, as quereis bem como se fossem uma parte de vós mesmos, de tal modo que o amor de mãe por seus filhos é reputado o maior que um ser possa ter por um outro ser. De onde provém essa doce afeição, essa terna benevolência que os próprios estranhos sentem para com uma criança? Sabei-o? Não; é isso que vou explicar-vos.

As crianças são os seres que Deus envia em novas existências; e para que não possam lançar-lhes em rosto uma severidade muito grande, deu-lhes todas as aparências da inocência; mesmo numa criança de uma maldade natural, são cobertos seus defeitos com a inconsciência de seus atos. Essa inocência não é uma superioridade real sobre o que eram antes; é a imagem do que deveriam ser e, se não o são, é unicamente sobre elas que disso recai a pena.

Mas não foi somente por elas que Deus lhes deu esse aspecto, foi também, e sobretudo, pelos seus pais, cujo amor é necessário à sua fraqueza, e esse amor seria singularmente enfraquecido pela visão de um caráter colérico e rude, ao passo que, crendo seus filhos bons e dóceis, dão-lhes toda a afeição e os cercam com os mais delicados cuidados. Mas, quando as crianças não têm mais necessidade dessa proteção, dessa assistência que lhes foi dada durante quinze a vinte anos, seu caráter real e individual reaparece em toda a sua nudez: permanece bom se era fundamentalmente bom, mas se irisa sempre de nuanças que estavam escondidas pela primeira infância.

Vedes que os caminhos de Deus são sempre os melhores e, quando se tem o coração puro, é fácil conceber sua explicação.

Com efeito, pensai bem que o Espírito das crianças que nascem entre vós pode vir de um mundo onde tomou hábitos muito diferentes; como quereríeis que fosse em vosso meio esse novo ser, que vem com paixões diferentes daquelas que possuís, com inclinações, gostos inteiramente opostos aos vossos? Como quereríeis que se incorporasse em vossas fileiras de outro modo do que Deus quis, quer dizer, pela peneira da infância? Ali se confundem todos os pensamentos, todos os caracteres, todas as variedades de seres engendrados por essa multidão de mundos nos quais crescem as criaturas. Vós mesmos, em morrendo, encontrar-vos-eis em uma espécie de infância, no meio de novos irmãos; e na vossa nova existência não terrestre, ignorais os hábitos, os costumes, as relações desse mundo, novo para vós; manejareis com dificuldade uma língua que não estais habituado a falar, língua mais viva do que é hoje vosso pensamento.

A infância tem, ainda, uma outra utilidade: os Espíritos não entram na vida corpórea senão para se aperfeiçoarem, melhorarem-se e a fraqueza da juventude torna-os flexíveis, acessíveis aos conselhos da experiência e daqueles que devem fazê-los progredir. É, então, que se pode reformar seu caráter e reprimir seus maus pendores. Tal é o dever que Deus confiou aos seus pais, missão sagrada pela qual terão de responder.

É assim que a infância é, não somente útil, necessária, indispensável, mas, ainda, a consequência natural das leis que Deus estabeleceu e que regem o Universo.

Nota – Chamamos a atenção dos nossos leitores sobre essa notável dissertação, cuja alta importância filosófica será facilmente compreendida. Que há de mais belo, de mais grandioso, que essa solidariedade que existe entre todos os mundos? Que há de mais próprio para nos dar uma ideia da bondade e da majestade de Deus? A Humanidade cresce com tais pensamentos, ao passo que se avilta ao reduzi-la às mesquinhas proporções de nossa vida efêmera e de nosso mundo, imperceptível entre os mundos.

Comunicação espontânea do senhor Nélo, médium, lida na Sociedade em 14 de janeiro de 1859.

COMUNICAÇÕES ESPONTÂNEAS OBTIDAS NAS SESSÕES DA SOCIEDADE

Pelo Espírito *Vicente de Paulo*

1859, dezembro.

AMAI-VOS UNS AOS OUTROS, EIS TODA A LEI; LEI DIvina, pela qual Deus cria sem descanso e governa os mundos. O amor é a lei de atração para os seres vivos e organizados; a atração é a lei de amor para a matéria inorgânica.

Jamais esqueçais que o Espírito, qualquer que seja seu grau de adiantamento, sua situação, como reencarnado ou na erraticidade, está *sempre* colocado entre um superior, que o guia e aperfeiçoa, e um inferior, perante o qual tem os mesmos deveres a cumprir.

Sede, pois, caridosos, não só desta caridade que vos leva a tirar de vossa bolsa o óbolo que dais friamente àquele que ousa vos pedir, mas ide ao encontro das misérias ocultas.

Sede indulgentes com os defeitos de vossos semelhantes; em lugar de desprezar a ignorância e o vício, instruí-os e moralizai-os; sede mansos e bondosos para com tudo o que vos seja inferior; sede-o, mesmo, diante dos seres mais ínfimos da criação, e tereis obedecido à lei de Deus.

Méd. Sr. R...
(30 de setembro de 1859.)

OS ANJOS GUARDIÃES

Pelos Espíritos *São Luís* e
Santo Agostinho

1859, janeiro.

É UMA DOUTRINA QUE DEVERIA CONVERTER OS MAIS incrédulos pelo seu encanto e pela sua doçura: a dos anjos guardiães. Pensar que se tem, junto de si, seres que vos são superiores, que estão sempre aí para vos aconselhar, sustentar-vos, para vos ajudar a escalar a áspera montanha do bem, que são amigos mais seguros e mais devotados que as mais íntimas ligações que se possa contrair nesta Terra, não é uma ideia bem consoladora? Esses seres estão aí por ordem de Deus; foi Ele quem os colocou junto de nós, e estão aí pelo amor Dele, e cumprem, junto de nós, uma bela, mas penosa, missão. Sim, em qualquer parte que estejais, ele estará convosco: os calabouços, os hospitais, os lugares de deboche, a solidão, nada vos separa desse amigo que não podeis ver, mas do qual vossa alma sente os mais doces impulsos e ouve os sábios conselhos.

Se conhecêsseis melhor essa verdade! Quantas vezes ele vos ajudou nos momentos de crise, quantas vezes vos salvou das mãos de maus Espíritos! Mas, no grande dia, esse anjo do bem terá, frequentemente, a vos dizer: "Não te disse isso? E tu não o fizeste. Não te mostrei o abismo, e tu nele te precipitaste? Não te fiz ouvir na consciência a voz da verdade, e seguiste os conselhos da mentira?" Ah! Questionai vossos anjos guardiães; estabelecei, entre ele e vós, essa ternura íntima que reina entre os melhores amigos. Não penseis em lhes ocultar nada, porque têm o olhar de Deus, e não podeis enganá-los. Sonhai com o futuro, procurai avançar nesse caminho, vossas provas nele serão mais curtas, vossas existências mais felizes. Ide, homens de coragem; lançai longe de vós, de uma vez por todas, preconceitos e dissimulações; entrai no vosso caminho que se abre diante de vós; caminhai, caminhai, tendes guias, segui-os: o objetivo não pode vos faltar, porque esse objetivo é o próprio Deus.

Àqueles que pensam que é impossível a Espíritos verdadeiramente elevados se sujeitarem a uma tarefa tão laboriosa e de todos os instantes, diremos que influenciamos vossas almas a vários milhões de léguas de vós: para nós, o espaço não é nada, e mesmo vivendo em um outro mundo, nossos Espíritos conservam sua ligação com o vosso. Gozamos de qualidades que não podeis compreender, mas estejais seguros de que Deus não nos impôs uma tarefa acima de nossas forças e que não vos abandou sozinhos na Terra, sem amigos e sem sustentação. Cada anjo guardião tem o seu protegido, sobre o qual ele vela, como um pai vela por seu filho; ele é feliz quando o vê seguir o bom caminho, e geme quando seus conselhos são desprezados.

Não temais nos cansar com vossas perguntas; ficai, ao contrário, em relação conosco: sereis mais fortes e mais felizes. São essas comunicações, de cada homem com seu Espírito familiar, que fazem todos os homens médiuns, médiuns ignorados hoje, mas que se manifestarão mais tarde, e que se espalharão como um oceano sem limites para fazer retroceder a incredulidade e a ignorância. Homens instruídos, instruí; homens de talento, elevai vossos irmãos. Não sabeis que obra cumpris assim: é a do Cristo, aquela que Deus vos impôs. Por que Deus vos deu a inteligência e a ciência, se não fosse para partilhá-las com vossos irmãos, certamente para avançá-los no caminho da alegria e da felicidade eterna?

Nota – A doutrina dos anjos guardiães, velando sobre seus protegidos, apesar da distância que separa os mundos, nada tem que deva surpreender; ela é, ao contrário, grande e sublime. Não vedes, sobre a Terra, um pai velar sobre seu filho, embora dele esteja distante, e ajudá-lo com seus conselhos por correspondência? Que haveria, pois, de espantoso que os Espíritos pudessem guiar aqueles que tomam sob sua proteção, de um mundo ao outro, uma vez que, para eles, a distância que separa os mundos é menor que aquela que, na Terra, separa os continentes?

Comunicação espontânea obtida pelo senhor L..., um dos médiuns da Sociedade.

A CARIDADE MATERIAL E CARIDADE MORAL

Pelo Espírito *Irmã Rosalie*

1860, outubro.

"Amemo-nos uns aos outros e façamos a outrem o que gostaríamos que nos fizessem." Toda a religião, toda a moral, encontra-se encerrada nestes dois preceitos; se fossem seguidos neste mundo, seríeis todos perfeitos: não mais de ódio, não mais de ressentimentos; eu diria mais ainda: não mais de pobreza, porque do supérfluo da mesa de cada rico muitos pobres se alimentariam, e não veríeis mais, nos sombrios bairros que habitei durante a minha última encarnação, pobres mulheres arrastando consigo miseráveis crianças necessitadas de tudo.

Ricos! Pensai um pouco nisso; ajudai com o que tendes de melhor, os infelizes; dai, porque Deus vos retribuirá um dia o bem que fizerdes, para que encontreis, um dia, ao sair de vosso envoltório terrestre, um cortejo de Espíritos reconhecidos que vos receberão no limiar de um mundo mais feliz.

Se pudésseis saber a alegria que senti reencontrando aqui aqueles a quem favoreci na minha última vida terrena!... Dai e amai o vosso próximo como a vós mesmos, porque o sabeis, agora que Deus permitiu que comeceis a se instruir na ciência espírita, que esse infeliz que repelis seja talvez um irmão, um pai, um filho, um amigo que lançai para longe de vós, e, então, qual será o vosso desespero, um dia, reconhecendo-o neste mundo dos Espíritos!

Desejo que compreendais bem o que pode ser *a caridade moral,* aquela que cada um pode praticar, aquela que *nada custa* de material e, entretanto, aquela que é a mais difícil de se pôr em prática!

A caridade moral consiste em se suportar uns aos outros, e é o que menos fazeis neste mundo em que estais encarnados no momento. Sede, pois, caridosos, porque avançareis mais no bom caminho; sede humanos e suportai-vos uns aos outros. Há um grande mérito em saber se calar para deixar falar um mais tolo; e ainda aí está um gênero de caridade. Saber ser surdo quando uma palavra zombeteira escapa de uma boca habituada a escarnecer; não ver o sorriso desdenhoso que acolhe a vossa entrada na casa de pessoas que, frequentemente erradas, creem-se acima de vós, ao passo que, na vida espiritual, a única real, estão algumas vezes bem longe disso; eis um mérito, não de humildade, mas de caridade, porque não notar os erros de outrem é a caridade moral. Passando junto de um pobre enfermo, o olhar com compaixão tem sempre maior mérito do que o de lançar, com desprezo, o seu óbolo.

Entretanto, não é necessário tomar essa figura ao pé da letra, porque essa caridade não deve impedir a outra; mas pensai, sobretudo, em não menosprezar o vosso semelhante; lembrai-vos do que já vos disse: é necessário se lembrar, sem cessar, de que, no pobre rejeitado, talvez rejeitais um Espírito que vos foi querido e que se encontra, momentaneamente, numa posição inferior à vossa. Eu revi um desses pobres de vossa Terra que pude, por felicidade, favorecer algumas vezes, e a quem me ocorre *agora implorar,* por minha vez.

Sede, pois, caridosos; não sejais desdenhosos, sabei deixar passar uma palavra que vos fere e não creiais que ser caridoso seja somente dar o material, mas também praticar a caridade moral. Eu vos repito, façais uma e outra. Lembrai-vos de que Jesus disse que somos irmãos e pensai sempre nisso antes de repelir o leproso ou o mendigo. Eu retornarei ainda para vos dar comunicação mais longa, mas sou chamada. Adeus; pensai naqueles que sofrem, e orai.

Médium, senhora de B...

A MISÉRIA HUMANA

Pelo Espírito *Georges*

1860, junho.

A MISÉRIA HUMANA NÃO ESTÁ NA INCERTEZA DOS acontecimentos, que ora elevam, ora precipitam. Ela age inteiramente no coração ávido e insaciável, que aspira sem cessar a receber, que se lamenta da secura de outrem e que não se previne nunca de sua aridez. Essa infelicidade de aspirar ao mais alto que si mesmo, essa infelicidade de não estar satisfeito pelas mais caras alegrias, essa infelicidade, digo eu, constitui a miséria humana. Que importa o cérebro, que importam as mais brilhantes faculdades, se estão sempre assombradas pelo desejo áspero e insaciado dessa alguma coisa que lhes escapa sem cessar; a sombra flutua junto ao corpo, a felicidade, junto da alma, imperceptível para ela. Não deveis, entretanto, nem vos lamentar, nem maldizer a vossa sorte; porque essa sombra, essa felicidade, fugidia e móvel como a onda, dá, para o ardor e a angústia, que deposita no coração, a prova da divindade aprisionada na Humanidade. Amai, pois, a dor e a poesia vivificante, que fazem vibrar os vossos Espíritos pela lembrança da pátria eterna. O coração humano é um cálice cheio de lágrimas; mas vem a aurora, e ela absorverá a água de vossos corações; será, para vós, a vida que maravilhará os vossos olhos cegos pela obscuridade da prisão carnal. Coragem! Cada dia é uma libertação; caminhai na via dolorosa; caminhai, seguindo, com os olhos, a estrela da misteriosa esperança.

Pela senhora Lesc..., médium.

A TRISTEZA E O DESGOSTO

Pelo Espírito *Georges*

1860, junho.

É UM ERRO CEDER COM FREQUÊNCIA À TRISTEZA. Nisso não vos enganeis, o desgosto é o sentimento firme e honesto que o homem sente, atingido em seu coração ou em seus interesses; mas a doentia tristeza não é senão a manifestação física do sangue refreado ou precipitado em seu curso. A tristeza disfarça, com seu nome, muitos egoísmos, muitas covardias. Debilita o Espírito que a ela se abandona. Ao contrário, o desgosto é o pão dos fortes; esse amargo alimento nutre as faculdades do Espírito e reduz a parte animal. Não procureis o martírio do corpo, mas sede ávidos pelo martírio da alma. Os homens compreendem que devem movimentar suas pernas e seus braços para manter a vida do corpo, e não compreendem que devem sofrer para exercitar as faculdades morais. A felicidade, ou somente a alegria, é hóspede tão passageira da Humanidade, que não podeis, sem serdes por elas esmagados, admitir sua presença, por mais leve que seja. Fostes feitos para sofrer e para sonhar, sem cessar, com a felicidade, porque sois pássaros sem asas, pregados ao solo, que olhais o Céu e almejais o espaço.

Pela senhora Lesc..., médium.

A VAIDADE

Pelo Espírito *Georges*

1860, junho.

QUERO FALAR-TE DA VAIDADE QUE SE MISTURA A TODAS as ações humanas: ela deslustra os mais doces pensamentos; invade o coração, a cabeça. Planta má, abafa, em seu germe, a bondade; todas as qualidades são aniquiladas pelo seu veneno. Para lutar contra ela, é necessário empregar a prece; só ela dá a humildade e a força. Esquecei-vos, sem cessar, de Deus, homens ingratos! Ele não é para vós senão o socorro implorado na angústia, e nunca o amigo que se convida ao banquete da alegria. Ele vos deu, para iluminar o dia, o Sol, a irradiação de sua glória e, para clarear a noite, as estrelas, flores de ouro. Por toda parte, ao lado dos elementos necessários à Humanidade, colocou o luxo necessário à beleza de sua obra. Deus vos tratou como o faria um hospedeiro generoso que multiplica, para receber seus convidados, o luxo de sua casa e a abundância de seu festim. Que fazeis, vós que não tendes senão o vosso coração para Lhe oferecer? Longe de adorná-lo de alegrias e de virtudes, longe de oferecer-Lhe as primícias de vossas esperanças, não O desejais, não O convidais a penetrar em vós, senão quando o luto e as ásperas decepções vos fatigaram muito e vos enrugaram. Ingratos! Que esperais para amar vosso Deus? A infelicidade e o abandono. Oferecei-Lhe, antes, o vosso coração livre de dores; oferecei-Lhe, como homens em pé, e não como escravos ajoelhados, vosso amor purificado de temor, e Ele se lembrará, na hora do perigo, de vós, que não O esquecestes na hora da felicidade.

Pela senhora Lesc..., médium.

ALEGORIA DE LÁZARO

Pelo Espírito *Lamennais*

1860, dezembro.

Cristo amava um homem de nome Lázaro e, quando soube de sua morte, a sua dor foi grande, e se fez conduzir para junto de seu túmulo.

A irmã de Lázaro suplicava ao Senhor e lhe dizia: "É possível que possais restituir a vida ao meu irmão? Ó vós que o amais tanto, restituí-lhe a vida!"

Mundo do décimo-nono século, morreste também; a fé, que é a vida dos povos, extingue-se dia a dia; em vão alguns crentes quiseram te despertar em tua agonia; é muito tarde; Lázaro está morto, só Deus pode salvá-lo.

O Cristo se fez, pois, conduzir ao túmulo; levantou-se a pedra do sepulcro; o cadáver, cercado de faixas, apresentou-se em todo o horror da morte. Cristo lançou um olhar para o Céu, tomou a mão da irmã e, levantando a sua outra mão para o Céu, exclamou:

"Lázaro, levanta-te!" E, apesar das faixas, apesar de sua mortalha, Lázaro despertou e se levantou.

Ó mundo! Assemelhas-te a Lázaro, nada pode te restituir a vida; o teu materialismo, as tuas torpezas, o teu ceticismo tem tantas faixas que cercam o teu cadáver, e te sentes mal, porque estás morto há muito tempo. Qual é aquele que te exclamará como a Lázaro: em nome de Deus, levantai-vos? É o Cristo que obedece ao chamado do Espírito Santo. Século, a voz de Deus se faz ouvir! Estás mais apodrecido do que Lázaro?

Médium, Sr. Alfred Didier.

AOS MÉDIUNS

Pelo Espírito *François de Salles*

1860, novembro.

QUANDO QUISERDES RECEBER COMUNICAÇÕES DE BONS Espíritos, importa vos preparar para esse favor pelo recolhimento, pelas santas intenções e pelo desejo de fazer o bem tendo em vista o progresso geral; porque, lembrai-vos, que o egoísmo é uma causa de retardamento a todo adiantamento. Lembrai-vos de que, se Deus permite, a alguns dentre vós, receber o sopro de alguns de Seus filhos que, pela sua conduta, souberam merecer a honra e compreender a Sua bondade infinita, é que Ele quer muito, pela nossa solicitação, e em vista de vossas boas intenções, dar-vos os meios para avançar em seu caminho; assim, pois, médiuns! Aproveitai essa faculdade que Deus muito vos quer conceder. Tende fé na mansuetude de vosso Senhor; tende a caridade sempre em prática; não deixeis jamais de exercer esta sublime virtude, assim como a tolerância. Que sempre as vossas ações estejam em harmonia com a vossa consciência; é um meio certo para centuplicar a vossa felicidade nesta vida passageira e preparar-vos uma existência mil vezes mais doce ainda.

Que o médium, dentre vós, que não sinta mais a força de perseverar no ensinamento espírita, abstenha-se; porque, não aproveitando a luz que o esclarece, será menos desculpável que um outro e terá que expiar a sua cegueira.

Médium, Sr. Darcol.

O CRISTIANISMO

Pelo Espírito *Lamennais*

1860, novembro.

O QUE É NECESSÁRIO OBSERVAR NO ESPIRITISMO É A moral cristã. Houve muitas religiões desde séculos, muitos cismas e muitas pretensas verdades; e tudo o que se elevou fora do Cristianismo caiu, porque o Espírito Santo não o animava. O Cristo resume o que a moral mais pura, a mais divina, ensina ao homem com respeito aos seus deveres nesta vida e na outra. A Antiguidade, no que ela tem de mais sublime, é pobre diante dessa moral tão rica e tão fértil. A auréola de Platão empalidece diante da do Cristo, e o copo de Sócrates é bem pequeno diante do imenso cálice do Filho do Homem. És tu, ó Sesóstris! Déspota do poderoso Egito, que podes te medir, do alto das pirâmides colossais, com o Cristo nascendo numa manjedoura? És tu Solon? És tu Licurgo, cuja lei bárbara condenava as crianças malformadas, que podeis vos comparar àquele que disse face a face com o orgulho:

"Deixai vir a mim as criancinhas"? Sois vós, pontífices sagrados do piedoso Numa, cuja moral queria a morte viva das vestais culpadas, que podeis vos comparar Àquele que disse à mulher adúltera: "Levanta-te, mulher, e não peques mais?" Não, não mais que esses mistérios tenebrosos que praticáveis, ó sacerdotes antigos, com esses mistérios cristãos que são a base desta religião sublime que se chama Cristianismo! Diante Dele, vós vos inclinais todos, legisladores e sacerdotes humanos; inclinai-vos, porque foi o próprio Deus quem falou pela boca desse ser privilegiado que se chama Cristo.

Médium, Sr. Didier Filho

O HOMEM

Pelo Espírito *Santa Teresa*

1860, novembro.

O HOMEM É UM COMPOSTO DE GRANDEZA E DE MISÉria, de ciência e de ignorância; sobre a Terra, ele é o verdadeiro representante de Deus, porque a sua vasta inteligência abarca o Universo; soube descobrir uma parte dos segredos da Natureza; sabe servir-se dos elementos; percorre distâncias imensas por meio do vapor; pode conversar com seu semelhante, de um antípoda ao outro, pela eletricidade que sabe dirigir; seu gênio é imenso; quando vier a depor tudo isto aos pés da Divindade e render-Lhe com isso homenagem, será quase igual a Deus!

Mas quanto é pequeno e miserável quando o orgulho se apodera de seu ser! Ele não vê a sua miséria; não vê que a sua existência, esta vida que não pode compreender, lhe é arrebatada, algumas vezes instantaneamente, tão só pela vontade dessa Divindade que ele desconhece, porque não pode se defender contra ela; é necessário que a sua sorte se cumpra! Ele que tudo estudou, tudo analisou; ele que conhece tão bem o caminho dos astros, conhece a força criadora que faz germinar o grão de trigo que colocou na terra? Pode criar uma flor, mesmo a mais simples e a mais modesta? Não; aí se detém o seu poder. Deveria, então, reconhecer que há um poder infinitamente superior ao seu; a humildade deveria se apoderar de seu coração e, em admirando as obras de Deus, faria um ato de adoração.

A PRECE

Pelo Espírito *Fénelon*

1861, julho.

TEMPESTADE DAS PAIXÕES HUMANAS, ABAFADOR DOS bons sentimentos que todos os Espíritos encarnados têm, no fundo da consciência, uma vaga intuição, quem acalma a vossa fúria? É a prece que deve proteger os homens contra o fluxo desse oceano cujo seio esconde os monstros horrendos do orgulho, da inveja, do ódio, da mentira, da impureza, do materialismo e das blasfêmias. O dique que lhes opondes pela prece está construído com a pedra e o cimento mais duros e, em sua impossibilidade de transpô-lo, vêm se consumir, em vãos esforços, contra ele e retornam sanguinolentos e contundidos para o fundo do abismo. Ó prece do coração, invocação incessante da criatura ao Criador, se conhecessem a tua força, quantos corações afastados pela fraqueza teriam recorrido a ti no momento de cair! Tu és o precioso antídoto que cura as feridas, quase sempre mortais, que a matéria causa ao

Espírito, fazendo correr, em suas veias, o veneno de suas sensações brutais. Mas quanto é restrito o número daqueles que oram bem! Credes que, depois de terdes consagrado uma grande parte de vosso tempo recitando as fórmulas que aprendestes, ou a lê-las em vossos livros, tendes grande mérito de Deus? Desenganai-vos; a boa prece é aquela que parte do coração; não é prolixa; somente, de tempos em tempos, ela deixa escapar, em aspirações a Deus, seu grito, ou de aflição ou de perdão, como para implorar virem em nosso socorro os bons Espíritos, que a levam aos pés do Pai justo e eterno, e esse incenso é para Ele de agradável aroma. Então, Ele os envia em multidões numerosas para fortificar aqueles que clamam muito contra o Espírito do mal; assim, tornam-se fortes como os rochedos inabaláveis; vêm se quebrar contra eles as vagas das paixões humanas e, como se alegram nesta luta que deve lhes encher de mérito, constroem, como a alcíone, seus ninhos no meio das tempestades.

Envio do Sr. Sabo, de Bordeaux.

DA INFLUÊNCIA MORAL DOS MÉDIUNS NAS COMUNICAÇÕES

Pelo Espírito *Erasto*

1861, agosto.

JÁ O DISSEMOS: OS MÉDIUNS, ENQUANTO MÉDIUNS, não têm senão uma influência secundária nas comunicações dos Espíritos; sua tarefa é a de uma máquina elétrica, que transmite os despachos telegráficos de um ponto distante a um outro ponto da Terra. Assim, quando queremos ditar uma comunicação, agimos sobre o médium, como o empregado do telégrafo sobre seu aparelho; quer dizer que, do mesmo modo que o *tac tac* do telégrafo desenha, a milhares de léguas, sobre uma faixa de papel, os sinais reprodutores do despacho, do mesmo modo comunicamos, através das distâncias incomensuráveis que separam o mundo visível do mundo invisível, o mundo imaterial do mundo encarnado, o que queremos vos ensinar por meio do aparelho medianímico. Mas também do mesmo modo que as influências atmosféricas atuam, e perturbam, a miúdo, as transmissões do telégrafo elétrico, a influência moral do médium age e perturba, algumas vezes, a transmissão dos nossos despachos de além-túmulo; porque somos obrigados a fazê-los passar por um meio que lhes é contrário. Entretanto, o mais frequentemente, essa influência é anulada pela nossa energia e nossa vontade, e nenhum ato perturbador se manifesta. Com efeito, os ditados de uma alta importância filosófica, as comunicações de uma perfeita moralidade, são transmitidos, algumas vezes, por médiuns pouco propícios a esses ensinamentos superiores; ao passo que, por outro lado, as comunicações pouco edificantes chegam também, algumas vezes, por médiuns que se envergonham por lhes terem servido de condutor.

Em tese geral, pode-se afirmar que os Espíritos atraem os Espíritos que lhes são similares e que, raramente, os Espíritos das plêiades elevadas se comunicam pelos aparelhos maus condutores, quando têm à mão bons aparelhos mediúnicos, bons médiuns numa palavra.

Os médiuns levianos e pouco sérios chamam, pois, Espíritos da mesma natureza; por isso, suas comunicações estão marcadas de banalidades, de frivolidades, de ideias sem sequência e, frequentemente, muito heterodoxas, do ponto de vista espiritual. Certamente, eles podem dizer, e dizem algumas vezes, coisas que se aproveitem, mas é nesse caso, sobretudo, que é necessário um exame sério e escrupuloso, porque, no meio dessas boas coisas, certos Espíritos hipócritas insinuam com habilidade, e com uma perfídia calculada, fatos controversos, afirmações mentirosas, a fim de enganar a boa-fé de seus ouvintes. Deve-se, então, eliminar, sem piedade, toda palavra, toda frase equívoca, e não conservar do ditado senão o que a lógica aceita, ou o que a Doutrina já ensinou. As comunicações dessa natureza não são a temer senão para os espíritas isolados, os grupos recentes ou pouco esclarecidos, porque, nas reuniões onde os adeptos estão mais avançados, e adquiriram experiências, a gralha em vão se enfeita com as plumas do pavão: é sempre impiedosamente desmascarada.

Não falarei dos médiuns que se alegram em solicitar e em escutar comunicações obscenas; deixemo-los se comprazerem na sociedade dos Espíritos cínicos. Aliás, as comunicações dessa ordem procuram, por elas mesmas, a solidão e o isolamento; e somente conseguiram provocar o desdém e a repugnância entre os membros dos grupos filosóficos e sérios. Mas onde a influência moral do médium se faz realmente sentir, é quando este substitui por suas ideias pessoais aquelas que os Espíritos se esforçam por lhe sugerir; e ainda quando cria, em sua imaginação, teorias fantásticas que crê ele, mesmo de boa-fé, resultar de uma comunicação intuitiva. Frequentemente, há então mil a apostar contra um de que isso não é senão o reflexo do Espírito pessoal do médium; pode ocorrer também um fato curioso, no qual a mão do médium se move, algumas vezes, quase mecanicamente, impelida que é por um Espírito secundário e zombeteiro. É contra essa pedra de toque que veem se quebrar as imaginações jovens e ardentes porque, levadas pelo ímpeto de suas próprias ideias e pelo falso brilho de seus conhecimentos literários, menosprezam a modesta comunicação de um Espírito sábio, que o abandona, deixando o médium à mercê das sombras que acabam substituindo a comunicação por uma paráfrase empolada. É contra esse escolho terrível que veem igualmente fracassar as personalidades ambiciosas que, na falta das comunicações que os bons Espíritos lhes recusam, apresentam suas próprias obras como se fossem obras desses Espíritos. Eis por que é preciso que os chefes dos grupos espíritas sejam providos de um tato delicado e de uma rara sagacidade, para discernir as comunicações autênticas daquelas que não o são e para não ferir aqueles que iludem a si mesmos.

Na dúvida, abstém-te, diz um de vossos antigos provérbios; não admitais, pois, senão o que vos é de uma evidência certa. Desde que uma opinião nova surge, por pouco que ela vos pareça duvidosa, passai-a pelo crivo da razão e da lógica; o que a razão e o bom senso reprovam, rejeitai-o ousadamente; mais vale repelir dez verdades do que admitir uma única mentira, uma única teoria falsa. Com efeito, sobre essa teoria, poderíeis edificar todo um sistema que desabaria ao primeiro sopro da verdade, como um monumento edificado sobre uma areia movediça; ao passo que, se rejeitais hoje certas verdades, porque elas não vos são demonstradas lógica e claramente, logo um fato brutal, ou uma demonstração irrefutável, virá vos afirmar a sua autenticidade.

Lembrai-vos, todavia, ó espíritas, de que para Deus e para os bons Espíritos somente existe um impossível: a injustiça e a iniquidade.

O Espiritismo está bastante difundido entre os homens e moralizou suficientemente os adeptos sinceros de sua santa doutrina, para que os Espíritos não se vejam constrangidos a empregar maus instrumentos, médiuns imperfeitos. Se, pois, agora, um médium, qualquer que ele seja, dá, pela sua conduta ou seus costumes, pelo seu orgulho, pela sua falta de amor e de caridade, um legítimo motivo de suspeição, repeli, repeli suas comunicações, porque há uma serpente escondida na erva. Eis a minha conclusão sobre a influência moral dos médiuns.

Sociedade Espírita de Paris.
Médium Sr. d'Ambel

DIFERENTES MANEIRAS DE FAZER A CARIDADE

1861, outubro.

NOTA. A COMUNICAÇÃO SEGUINTE FOI OBTIDA EM NOSsa presença, no grupo de Perrache:

Sim, meus amigos, virei sempre ao vosso meio, cada vez que aí for chamado. Ontem, estive muito feliz por vós, quando ouvi o autor dos livros que vos abriram os olhos testemunhar o desejo de vos ver reunidos, para vos dirigir benevolentes palavras. Foi para todos, ao mesmo tempo, um grande ensinamento e uma poderosa lembrança. Somente quando vos falou de amor e de caridade, ouvi vários dentre vós perguntarem a si mesmos: Como fazer a caridade? Frequentemente, não tenho mesmo o necessário.

A caridade, meus amigos, se faz de muitas maneiras; podeis fazer a caridade em pensamentos, em palavras e em ações. Em pensamento: orando pelos pobres abandonados, que morreram sem condições de ver a luz; uma prece de coração os alivia. Em palavras:

dirigindo aos vossos companheiros de todos os dias alguns bons conselhos; dizei aos homens amargurados pelo desespero, pelas privações, e que blasfemam o nome do Altíssimo: "Eu era como vós; eu sofria, era infeliz, mas acreditei no Espiritismo, e vede, estou radiante agora." Aos velhos que vos disserem: "É inútil; estou no fim de minha jornada; morrerei como vivi." Dizei a esses: "Deus tem, por todos vós, uma igual justiça; lembrai-vos dos obreiros da décima hora." Às crianças que, já viciadas pelo seu ambiente, vão vagar pelos caminhos, prestes a sucumbirem às más tentações, dizei-lhes: "Deus vos vê, minhas queridas crianças" e não temais repetir-lhes, frequentemente, estas doces palavras; ela acabará por germinar em sua jovem inteligência e, em lugar de pequenos vagabundos, tereis feito homens. Está ainda aí uma forma de caridade.

Vários dentre vós também dizem: "Ora, somos tão numerosos sobre a Terra, Deus não pode nos ver a todos." Escutai bem isto, meus amigos: quando estais sobre o cume de uma montanha, o vosso olhar não abarca milhões de grãos de areia que formam essa montanha? Pois bem! Deus vos vê do mesmo modo; deixa-vos usar o vosso livre-arbítrio, como vós deixais esses grãos de areia livres para se moverem ao sabor do vento que os dispersa; mas Deus, em Sua misericórdia infinita, colocou, no fundo do vosso coração, uma sentinela vigilante, que se chama *consciência*. Escutai-a; ela vos dará bons conselhos. Por vezes, a entorpeceis opondo-lhe o Espírito do mal; ela, então, cala-se; mas ficai seguros de que a pobre rejeitada se fará ouvir logo que tiverdes apercebido a sombra do remorso. Escutai-a; interrogai-a e, frequentemente, achar-vos-eis consolados com os conselhos que dela receberdes.

Meus amigos, a cada regimento novo o general entrega uma bandeira; eu vos dou esta máxima do Cristo: "Amai-vos uns aos outros." Praticai esta máxima; reuni-vos todos ao redor desse estandarte, e dele recebereis a felicidade e a consolação.

Vosso Espírito protetor.

Sociedade Espírita de Lyon

EFEITOS DA PRECE

1861, novembro.

A PRECE É UMA ASPIRAÇÃO SUBLIME, À QUAL DEUS deu um poder tão mágico, que os Espíritos a reclamam para si constantemente. Orvalho suave, que é como um alívio para o pobre exilado sobre a Terra e um arranjo (*sic*) fecundo para a alma em aflição. A prece age diretamente sobre o Espírito ao qual é dirigida; ela não transforma seus espinhos em rosas, ela modifica sua vida de sofrimento – nada podendo sobre a vontade imutável de Deus –, imprimindo-lhe esse impulso de vontade que aumenta a sua coragem, dando-lhe a força para lutar contra as provas e dominá-las. Por esse meio, o caminho que conduz a Deus é abreviado e nada pode, e como efeito maravilhoso, se comparar à prece.

Aquele que blasfema contra a prece só pode ser ainda um Espírito inferior, de tal modo terreno e atrasado, que não compreende por que deve agarrar-se a essa tábua de salvação para salvar-se.

Orar: uma palavra descida do Céu, é a gota de

orvalho no cálice de uma flor, é a sustentação da roseira durante a tormenta, é a tábua do pobre náufrago durante a tempestade, é o abrigo do mendigo e do órfão, é o berço da criança para dormir. Emanação divina, a prece nos liga a Deus pela linguagem, fazendo-O nos amparar; orar é amar; implorar por um irmão é um ato de amor dos mais meritórios. A prece que vem do coração tem a chave dos tesouros da graça; é o ecônomo que dispensa benefícios em nome da infinita misericórdia. A alma elevada para Deus, por um desses impulsos sublimes da prece, livre de seu envoltório grosseiro, apresenta-se cheia de confiança diante Dele, segura de obter o que pede com humildade. Orai, oh! Orai! Fazei um reservatório de vossas santas aspirações, que será derramado no dia da justiça. Preparai o celeiro da abundância, tão precioso durante a penúria; escondei o tesouro de vossas preces até o dia escolhido por Deus para distribuir o rico depósito. Amontoai para vós e para os vossos irmãos, o que diminuirá as vossas angústias e vos fará transpor, com mais celeridade, o espaço que vos separa de Deus. Refleti em vossa miserável natureza, contai vossas decepções, vossos perigos, sondai o abismo tão profundo aonde as vossas paixões podem vos arrastar, olhai ao redor de vós aqueles que caem e sentireis a necessidade imperiosa de recorrer à prece; a oração é a âncora de salvação que impedirá a ruptura de vosso navio, tão transtornado pelas tormentas do mundo.

 Teu Espírito familiar.

15 de outubro de 1860.

MUITOS CHAMADOS E POUCOS ESCOLHIDOS

Pelo Espírito *Erasto*

1861, junho.

Esta máxima evangélica deve se aplicar, com muito mais razão, aos tempos atuais do que aos primeiros tempos do Cristianismo.

Com efeito, não ouvis já fermentar a tempestade que deve levar o velho mundo e tragar no nada a soma das iniquidades terrestres? Ah! Bendizei o Senhor, vós que pusestes a vossa fé em Sua soberana justiça e que, novos apóstolos da crença revelada pelas vozes proféticas superiores, ide pregar o dogma novo da *reencarnação* e da elevação dos Espíritos, segundo tenham bem ou mal cumprido as suas missões e suportado suas provas terrestres.

Não tremais! As línguas de fogo estão sobre as vossas cabeças. Ó adeptos do Espiritismo, sois os eleitos de Deus! Ide e pregai a palavra divina. A hora é chegada em que deveis sacrificar, à sua propagação, vossos hábitos, vossos trabalhos, vossas ocupações fúteis. Ide e pregai; os Espíritos elevados estão convosco. Certamente, falareis a pessoas que não quererão em nada ouvir a voz de Deus, porque essa voz lembra-lhes, sem cessar, a abnegação; pregareis o desinteresse aos avaros, a abstinência aos debochados, a mansuetude aos tiranos domésticos como aos déspotas; palavras perdidas, eu o sei; mas que importa! É necessário regar com os vossos suores o terreno no qual deveis semear, porque ele não frutificará, e não produzirá, senão sob os esforços reiterados da pá e do arado evangélicos. Ide e pregai!

Sim, todos vós, homens de boa fé, que credes em vossa inferioridade em face dos mundos espalhados pelo Infinito, parti em cruzada contra a injustiça e a iniquidade. Ide e derrubai esse culto do bezerro de ouro, cada dia mais e mais invasor. Ide, Deus vos conduz! Homens simples e ignorantes, vossas línguas serão desatadas e falareis como nenhum orador fala. Ide e pregai, e as populações atentas recolherão com alegria as vossas palavras de consolação, de fraternidade, de esperança e de paz.

Que importam as armadilhas que lançarão em vosso caminho! Só os lobos se prendem nas armadilhas de lobos, porque o pastor saberá defender suas ovelhas contra as bocas sacrificadoras.

Ide, homens que, grandes diante de Deus, mais felizes do que São Tomé, credes sem pedir para ver, e aceitais os fatos da mediunidade quando mesmo não triunfastes em obtê-los vós mesmos; ide, o Espírito de Deus vos conduz.

Marcha, pois, em frente, falange imponente pela tua fé e pelo teu pequeno número! Marcha! E os grossos batalhões dos incrédulos se desvanecerão diante de ti como os nevoeiros da manhã aos primeiros raios do Sol nascente.

A fé é a virtude que erguerá as montanhas, disse-vos Jesus; contudo, mais pesadas que as mais pesadas montanhas, jaz, no coração dos homens, a impureza e todos os vícios da impureza. Parti, pois, com coragem, para levantar essa montanha de iniquidade que as gerações futuras não devem conhecer senão como de lenda, como vós mesmos não conheceis senão muito imperfeitamente o período dos tempos anteriores à civilização pagã.

Sim, os transtornos morais e filosóficos vão se manifestar sobre todos os pontos do globo; a hora se aproxima em que a luz divina aparecerá sobre os dois mundos.

Ide, pois, e levai a palavra divina: aos grandes que a desdenharão, aos sábios que dela pedirão provas, aos pequenos e aos simples que a aceitarão, porque é sobretudo entre os mártires do trabalho, essa expiação terrestre, que encontrareis o fervor e a fé. Ide; estes receberão com cânticos de ação de graça e, cantando os louvores a Deus, a consolação santa que lhes levais, e se inclinarão em agradecimento pelo quinhão de suas misérias terrestres.

Que vossa falange se arme, pois, de resolução e de coragem! À obra! O arado está pronto; a terra espera, é preciso lavrar.

Ide, e agradecei a Deus pela tarefa gloriosa que vos confiou; mas pensai que, entre os chamados ao Espiritismo, muitos se extraviaram; reparai, pois, o vosso caminho e segui o caminho da verdade.

P. Se muitos dos chamados ao Espiritismo se extraviaram, por qual sinal se reconhece aqueles que estão no bom caminho? – R. Reconhecê-los-eis pelos princípios da verdadeira caridade que professam e praticam; reconhecê-los-eis pelo número de aflitos aos quais levam consolações; reconhecê-los-eis pelo seu amor ao próximo, pela sua abnegação, pelo seu desinteresse pessoal; reconhecê-los-eis, enfim, pelo triunfo de seus princípios, porque Deus quer o triunfo de Sua lei; aqueles que seguem a Sua lei são seus eleitos, e Ele lhes dará a vitória, mas Ele esmagará aqueles que falseiam o espírito dessa lei e dela fazem um degrau para satisfazer a sua vaidade e a sua ambição.

Anjo guardião do médium

*Obtidos pelo Sr. d'Ambel,
médium da Sociedade.*

EGOÍSMO E ORGULHO

Pelo Espírito *Pascal*

1861, outubro.

SE OS HOMENS SE AMASSEM COM UM COMUM AMOR, a caridade seria melhor praticada, mas seria preciso, para isso, que vos esforçásseis em vos desembaraçar dessa couraça que cobre os corações, a fim de serdes mais sensíveis para com os corações que sofrem. A rigidez mata os bons sentimentos; o Cristo não se aborrecia, e aquele que se dirigia a Ele, quem quer que fosse, não era repelido: a mulher adúltera, o criminoso, eram socorridos por ele; jamais temia que a sua própria consideração sofresse com isso. Quando, pois, O tomareis por modelo de todas as vossas ações? Se a caridade reinasse sobre a Terra, o mau não teria mais império; fugiria envergonhado; esconder-se-ia, porque se encontraria deslocado por toda a parte. Então, o mal desaparecerá da superfície da Terra; estejais bem compenetrados disto. Começai por dar o exemplo vós mesmos; sede caridosos para com todos, indistintamente; esforçai-vos por tomar o hábito de não mais notar aqueles que vos olham com desdém; crede sempre que merecem a vossa simpatia, e deixai a Deus o cuidado de toda justiça, porque cada dia, em seu reino, separa o bom grão do joio. O egoísmo é a negação da caridade: ora, sem a caridade, não haverá descanso na sociedade; digo mais, não haverá segurança; com o egoísmo e o orgulho, que se dão as mãos, a vida será sempre uma corrida em que vencerá o mais sagaz, uma luta de interesses, em que são pisoteadas as mais santas afeições, em que nem mesmos os laços sagrados da família serão respeitados.

Sociedade Espírita de Sens

ORGANIZAÇÃO DO ESPIRITISMO

Por *Allan Kardec*

1861, dezembro.

1. Até o presente, os espíritas, embora muito numerosos, têm-se disseminado em todos os países, e não está aí uma das características menos salientes da Doutrina; como uma semente levada pelos ventos, fincou raízes em todos os pontos do globo, prova evidente de que a sua propagação não é o efeito de uma sociedade nem de um efeito local e pessoal. Os adeptos, de início isolados, estão muito surpresos, hoje, em se encontrarem em grande número; e como a semelhança das ideias inspira o desejo de aproximação, eles procuram se reunir e fundar Sociedades; também, de todas as partes, pedem-nos instruções a esse respeito, manifestando-nos o desejo de se unir à Sociedade central de Paris. É chegado, pois, o momento de se ocupar do que se pode chamar *a organização do Espiritismo*. *O Livro dos Médiuns* (2ª edição) contém, sobre a formação das Sociedades

espíritas, observações importantes às quais remetemos os interessados, rogando-lhes meditar com cuidado. A experiência vem, cada dia, confirmar-lhes a justeza que lembraremos sucintamente, acrescentando-lhe instruções mais circunstanciadas.

2. Falemos de início dos adeptos que se encontram ainda isolados no meio de uma população hostil ou ignorante das ideias novas. Recebemos diariamente cartas de pessoas que estão nesse caso e que nos perguntam o que podem fazer na ausência de médiuns e de partidários do Espiritismo. Estão na situação em que se encontravam, há um ano apenas, os primeiros espíritas dos centros mais numerosos de hoje; pouco a pouco, os adeptos se multiplicaram e, em tal cidade onde se contavam por unidades espalhadas, são agora centenas de milhares; logo, será o mesmo por toda parte: é uma questão de paciência. Quanto ao que têm de fazer, é muito simples. Podem primeiro trabalhar por sua própria conta, penetrar-se na Doutrina pela leitura e pela meditação das obras especiais; tanto mais a aprofundem, mais descobrirão verdades consoladoras, confirmadas pela sua razão. Em seu isolamento, devem se sentir felizes por terem sido os primeiros favorecidos. Mas se se limitarem em haurir na Doutrina uma satisfação pessoal, isso será uma espécie de egoísmo; eles têm, mesmo em razão de sua posição, uma bela e importante missão a cumprir: a de distribuir a luz ao seu redor. Aqueles que aceitarem essa missão, sem se deterem pelas

dificuldades, nela serão largamente recompensados pelo sucesso e pela satisfação de ter feito uma coisa útil. Sem dúvida, encontrarão oposição; estarão expostos à zombaria e aos sarcasmos dos incrédulos, à malevolência mesmo das pessoas interessadas em combater a Doutrina; mas onde estaria o mérito se não houvesse nenhum obstáculo a vencer? Àqueles, pois, que estiverem detidos pelo medo pueril do que disso se dirá, nada temos a dizer, nenhum conselho a dar; mas àqueles que têm a coragem de sua opinião, que estão acima das mesquinhas considerações mundanas, diremos que o que têm a fazer limita-se em falar abertamente do Espiritismo, sem afetação, como de uma coisa muito simples e muito natural, sem pregá-la e, sobretudo, sem procurar nem forçar as convicções, nem, ao mesmo, fazer prosélitos. *O Espiritismo não deve se impor; vem-se a ele porque dele se tem necessidade,* e porque ele dá o que as outras filosofias não dão. Convém mesmo não entrar em nenhuma explicação com os incrédulos obstinados: isso seria dar-lhes muita importância e fazer-lhes crer que dependemos deles. Os esforços que se faz para atraí-los a si os distancia, e, por amor-próprio, obstinam-se em sua oposição; eis por que é inútil perder seu tempo com eles; quando a necessidade os fizer sentir isso, virão por si mesmos; é preciso deixá-los tranquilamente se comprazerem em seu ceticismo, que, crede-o bem, frequentemente, pesa-lhes mais do que não querem fazê-lo parecer; porque, por mais que digam, a ideia do nada depois da morte tem algo de mais pavoroso, de mais aflitivo, que a própria morte.

Mas, ao lado dos zombeteiros, encontrar-se-ão pessoas que perguntarão: "O que é isso?" Apressai-vos, então, em satisfazê-las, proporcionando vossas explicações à natureza das disposições que encontrardes nelas. Quando se fala do Espiritismo em geral, é preciso considerar as palavras que se pronunciam como grãos lançados ao ar: entre eles, muitos caem sobre as pedras e não produzem nada; mas que deles um só tombe sobre a terra fértil, considerai-vos felizes; cultivai-o, e estareis certos de que essa planta, frutificando, terá rebentos. A dificuldade, para alguns adeptos, é responder a certas objeções; mas poderão, sobretudo, ajudarem-se, para esse efeito, com a brochura que vamos publicar sob o título de: *Refutação das críticas contra o Espiritismo do ponto de vista materialista, científico e religioso.*

3. Falemos agora da organização do Espiritismo nos centros já numerosos. O crescimento incessante dos adeptos demonstra a impossibilidade material de construir numa cidade, e sobretudo numa cidade populosa, uma Sociedade única. Além do número, há a diferença de distância, que é um obstáculo para muitos. Por outro lado, está reconhecido que as grandes reuniões são menos favoráveis às belas comunicações, e que as melhores se obtêm nas pequenas assembleias. É, pois, a multiplicar os grupos particulares que é preciso se empenhar. Ora, como

o dissemos, vinte grupos, de quinze a vinte pessoas, obterão mais e farão mais para a propaganda do que uma Sociedade única de quatrocentos membros. Os grupos se formam naturalmente pela afinidade de gostos, de sentimentos, de hábitos e de posição social; todos ali se conhecem e, como essas são reuniões privadas, tem-se liberdade do número e da escolha daqueles que se quer ali admitir.

4. O sistema de multiplicação dos grupos tem, ainda, por resultado, assim como o dissemos em várias ocasiões, impedir os conflitos e as rivalidades de supremacia e de presidência. Cada grupo é naturalmente dirigido pelo chefe da casa ou por aquele que está designado para esse fim; não há, propriamente falando, presidente oficial, porque tudo se passa em família. O chefe da casa, sendo chefe nela, tem toda autoridade para mantê-la em boa ordem. Com uma Sociedade, propriamente dita, é preciso um local especial, um pessoal administrativo, um orçamento, em uma palavra, uma complicação de burocracia que a má vontade de alguns dissidentes mal-intencionados poderia comprometer.

5. A essas considerações, longamente desenvolvidas em *O Livro dos Médiuns*, acrescentaremos uma que é preponderante. O Espiritismo ainda não é visto com bons olhos por todo o mundo, mas logo compreender-se-á que é de grande interesse favorecer uma crença que torna os homens melhores, e que é uma garantia da ordem social; mas até que se

esteja bem convencido de sua feliz influência sobre o espírito das massas, e de seus efeitos moralizadores, os adeptos devem esperar que, seja por ignorância do verdadeiro objetivo da Doutrina, seja tendo em vista interesse pessoal, suscitar-lhes-ão embaraços; não só serão escarnecidos, mas, quando virem enfraquecer a arma do ridículo, serão *caluniados*. Serão acusados de loucura, de charlatanismo, de irreligião, de feitiçaria, enfim, de amotinar o fanatismo contra eles. De loucura! Sublime loucura aquela que faz crer em Deus e no futuro da alma; para aqueles que não creem em nada é, com efeito, loucura crer na comunicação dos mortos com os vivos; loucura que faz volta ao mundo e alcança os homens mais eminentes. De charlatanismo! Eles têm uma resposta peremptória: o desinteresse, porque o charlatanismo jamais é desinteressado. De irreligião! Aqueles que, desde que são espíritas, ficam mais religiosos do que antes. De feitiçaria e de comércio com o diabo! Aqueles que negam a existência do diabo e não reconhecem senão Deus como o único senhor todo-poderoso, soberanamente justo e bom; singulares feiticeiros aqueles que renegassem o seu senhor e agissem em nome do seu antagonista! Em verdade, o diabo não deveria estar muito contente com seus adeptos. Mas as boas razões são a menor preocupação daqueles que querem procurar discussões; quando alguém quer matar seu cão, diz-se que ele está raivoso. Felizmente, a Idade Média lança seus últimos e pálidos clarões sobre o nosso século; como o Espiritismo vem lhe dar o golpe de misericórdia, não é de se admirar vê-la tentar um supremo esforço; mas nos tranquilizemos, a luta não será longa. Entretanto, que a certeza da vitória não nos torne imprudentes, porque uma imprudência poderia, se não comprometer, pelo menos retardar o sucesso. Por esses motivos, a constituição de Sociedades numerosas encontraria, talvez, obstáculos em certas localidades, ao passo que o mesmo não poderia ocorrer nas reuniões familiares.

6. Acrescentemos ainda uma consideração. As Sociedades propriamente ditas estão sujeitas a numerosas vicissitudes; mil causas, dependentes ou não de sua vontade, podem levá-las à dissolução. Suponhamos, pois, que uma Sociedade espírita tenha reunido todos os adeptos de uma mesma cidade, e que, por uma circunstância qualquer, ela deixe de existir; eis os membros dispersos e desorientados. Agora se, ao contrário, houver cinquenta grupos, se alguns deles desaparecer, restarão sempre outros, e outros se formarão; são tantas plantas vivazes, que pelo menos irão brotar. Se tendes em um campo somente uma grande árvore, o raio pode abatê-la; se tendes cem delas, o mesmo golpe não poderia atingi-las todas, e quanto mais sejam pequenas, menos estarão expostas.

Tudo milita, pois, em favor do sistema que propomos; quando um pequeno grupo fundado em qualquer parte se torne muito numeroso, que faça como as abelhas: que enxames saídos da colmeia-mãe fundem novas colmeias, que, a seu turno, formarão outras. Serão tantos centros de ação irradiando em seu círculo respectivo e mais poderosos para a propaganda do que uma Sociedade única.

7. Sendo admitida, a princípio, a formação dos grupos, várias questões importantes restam a examinar. A primeira de todas é a uniformidade na Doutrina. Essa uniformidade não seria melhor garantia para uma Sociedade compacta, uma vez que os dissidentes teriam sempre a facilidade de se retirar e manterem-se afastados. Quer a Sociedade seja una ou fracionada, a uniformidade será a consequência natural da unidade de base que os grupos adotarão. Ela será completa em todos aqueles que seguirem a linha traçada pelos *O Livro dos Espíritos* e *O Livro dos Médiuns*: um contendo os princípios da filosofia e da ciência; o outro, as regras da parte experimental e prática. Essas obras estão escritas com bastante clareza para não darem lugar a interpretações divergentes, condição essencial de toda doutrina nova.

Até o presente, essas obras servem de regulador para a imensa maioria dos espíritas e, por toda parte, são acolhidas com uma simpatia inequívoca; aqueles que quiseram se afastar delas puderam reconhecer, por seu isolamento e o número decrescente de seus partidários, que não tinham a seu favor a opinião geral. Esse assentimento dado pela grande maioria é de um grande peso; é um julgamento que não se poderia suspeitar de influência pessoal, uma vez que é espontâneo e que é pronunciado pelas milhares de pessoas que nos são completamente desconhecidas. Uma prova desse assentimento é que nos foi pedido para traduzi-las em diversas línguas: espanhol, inglês, português, alemão, italiano, polonês, russo e mesmo na língua tártara. Podemos, pois, sem presunção, recomendar seu estudo e sua prática às diversas reuniões espíritas, e isso com tanto mais razão porque são as únicas, até o presente, nas quais a ciência está traçada de maneira completa; todas aquelas que foram publicadas sobre a matéria não tocaram senão alguns pontos isolados da questão. De resto, não temos, de nenhum modo, a pretensão de impor nossas ideias; nós as emitimos, como é nosso direito; aqueles a quem elas convêm que as adotem; os outros as rejeitem, como é também seu direito; as instruções que damos são, pois, naturalmente para aqueles que caminhem conosco, para aqueles que nos honram com o título de seu *chefe espírita;* e não pretendemos, de nenhum modo, regulamentar aqueles que querem seguir um outro caminho. Entregamos a doutrina que professamos à apreciação geral; ora, encontramos muitos adeptos para nos dar confiança e nos consolar para algumas dissidências isoladas. O futuro, aliás, será o juiz em última instância; com os homens atuais desaparecerão, pela força das coisas, as suscetibilidades do amor-próprio ferido, as causas de ciúme, de ambição, de esperanças materiais frustradas; não considerando mais as pessoas, somente se verá a Doutrina, e o julgamento será imparcial. Quais são as ideias novas que, em seu aparecimento, não tiveram seus contraditores mais ou menos interessados? Quais os propagadores dessas ideias que não foram alvo das setas da inveja, sobretudo se o sucesso lhes coroou os esforços? Mas voltemos ao nosso assunto.

8. O segundo ponto é a constituição dos grupos. Uma das primeiras condições é a homogeneidade, sem a qual não pode haver comunhão de pensamentos. Uma reunião não pode ser estável, nem séria, se não houver simpatia entre aqueles que a compõem; e não pode haver simpatia entre pessoas que têm ideias divergentes e que fazem uma oposição surda, quando não for aberta. Longe de nós dizer com isso que é preciso abafar a discussão, uma vez que, ao contrário, recomendamos o exame escrupuloso de todas as comunicações e de todos os fenômenos; que seja, pois, bem entendido, que cada um pode e deve emitir sua opinião; mas há pessoas que discutem para impor a sua, e não para se esclarecer. É contra o espírito de oposição sistemático que nos levantamos contra as ideias preconcebidas que não cedem mesmo diante da evidência. Tais pessoas são, incontestavelmente, uma causa de perturbação, que é preciso evitar. As reuniões espíritas estão, a esse respeito, em condições excepcionais; o que elas requerem, acima de tudo, é o recolhimento; ora, como estar recolhido se,

a cada instante, somos distraídos por uma polêmica acrimoniosa; se reina entre os assistentes um sentimento de amargor, e quando se sente ao redor seres que se sabe hostis, no rosto dos quais se lê o sarcasmo e o desdém por tudo com o que não concordam?

9. Traçamos, em *O Livro dos Médiuns* (n° 28), o caráter das principais variedades de espíritas; sendo essa distinção importante para o assunto que nos ocupa, cremos dever lembrá-la.

Podem-se colocar em primeira linha aqueles que creem, pura e simplesmente, nas manifestações. O Espiritismo significa para eles apenas uma ciência de observação, uma série de fatos mais ou menos curiosos; a filosofia e a moral são acessórios, dos quais pouco se preocupam, ou dos quais não supõem a importância. Nós os chamamos *espíritas experimentadores*.

Vêm, em seguida, aqueles que veem no Espiritismo algo mais que simples fatos; compreendem-lhe a importância filosófica; admiram a moral que dele decorre, mas não a praticam; extasiam-se diante de belas comunicações, como diante de um eloquente sermão que se escuta sem aproveitá-lo. Sua influência sobre seu caráter é insignificante ou nula; não mudam em nada os seus hábitos e não se privariam de um único gozo: o avarento é sempre sovina, o orgulhoso sempre cheio de si mesmo, o invejoso e o ciumento sempre hostis; para eles, a caridade cristã não passa de uma bela máxima, e os bens deste mundo os dominam, em sua estima, sobre os do futuro: esses são os *espíritas imperfeitos*.

Ao lado desses, há outros, mais numerosos do que se crê, que não se limitam a admirar a moral espírita, mas que a praticam e a aceitam por todas as suas consequências. Convencidos de que a existência terrestre é uma prova passageira, tratam de aproveitar seus curtos instantes para caminhar na senda do progresso, esforçando-se por fazer o bem e reprimir seus maus pendores; suas relações são sempre seguras, porque sua convicção os distancia de todo pensamento do mal. A caridade é, em todas as coisas, a regra de sua conduta; esses são os *verdadeiros espíritas*, ou melhor, os *espíritas cristãos*.

10. Se se compreendeu bem o que precede, compreender-se-á também que um grupo exclusivamente formado de elementos dessa última classe estaria em melhores condições, porque é só entre pessoas praticando a lei de amor e de caridade que um laço fraternal sério pode se estabelecer. Entre homens, para quem a moral não é senão uma teoria, a união não poderia ser durável; como não impõem nenhum freio ao seu orgulho, à sua ambição, à sua vaidade, ao seu egoísmo, não o imporão também às suas palavras; desejariam ser os melhores quando deveriam se diminuir; irritar-se-iam com contradições e não teriam nenhum escrúpulo em semear a perturbação e a discórdia. Entre verdadeiros espíritas, ao contrário,

reina um sentimento de confiança e de benevolência recíproco; sentem-se à vontade nesse meio simpático, ao passo que há constrangimento e ansiedade num meio heterogêneo.

11. Isso está na natureza das coisas, e nós não inventamos nada a esse respeito. Segue-se que, na formação dos grupos, seria preciso exigir a perfeição? Isso seria simplesmente absurdo, porque seria querer o impossível, e que, nesse ponto, ninguém poderia pretender dele fazer parte. Tendo o Espiritismo por objetivo a melhoria dos homens, não vem recrutar aqueles que são perfeitos, mas aqueles que se esforçam por sê-lo, pondo em prática o ensinamento dos Espíritos. O verdadeiro espírita não é aquele que chegou ao objetivo, mas aquele que quer seriamente atingi-lo. Quaisquer que sejam, pois, seus antecedentes, será bom espírita desde que reconheça suas imperfeições e seja sincero e perseverante em seu desejo de se emendar. O Espiritismo é para ele uma verdadeira regeneração, porque rompe com seu passado; indulgente para com os outros, como gostaria que fossem para consigo, não sairá de sua boca nenhuma palavra malevolente nem ofensiva contra alguém. Aquele que, numa reunião, se afastasse das conveniências provaria não só uma falta de saber viver e de urbanidade, mas uma falta de caridade; aquele que se magoasse com a contradição e pretendesse impor sua pessoa ou suas ideias daria prova de orgulho; ora, nem um nem o outro estariam no

caminho do verdadeiro Espiritismo, quer dizer, do Espiritismo cristão. Aquele que crê ter uma opinião mais justa que os outros será mais bem-sucedido pela doçura e pela persuasão; o amargor seria de sua parte um péssimo caminho.

12. A simples lógica demonstra, pois, a quem conhece as leis do Espiritismo, quais são os melhores elementos para a composição dos grupos verdadeiramente sérios, e não hesitamos em dizer que são aqueles que têm a maior influência na propagação da Doutrina; pela consideração que impõem, pelo exemplo que dão de suas consequências morais, provam a sua gravidade e impõem silêncio à zombaria, que, quando se ataca o bem, é mais do que ridícula, porque é odiosa; mas o que quereis que pense um crítico incrédulo quando assiste a experiências cujos assistentes são os primeiros a fazerem delas um jogo? Delas sai um pouco mais incrédulo do que quando nelas entrou.

13. Acabamos de indicar a melhor composição dos grupos, mas a perfeição não é mais bem-sucedida nos grupos do que nos indivíduos; indicamos o objetivo, e dizemos que quanto mais dele nos aproximarmos, mais os resultados serão satisfatórios. Algumas vezes, é-se dominado pelas circunstâncias, mas é na eliminação dos obstáculos que é preciso pôr todos os seus cuidados. Infelizmente, quando um grupo se cria, é-se pouco rigoroso na escolha, porque se quer, antes de tudo, formar um núcleo; basta, na maior parte do tempo, para nele ser admitido, um simples

desejo, ou uma adesão qualquer às ideias mais gerais do Espiritismo; mais tarde, percebe-se que foi muito facilitada a admissão.

14. Num grupo, há sempre o elemento estável e o elemento flutuante. O primeiro se compõe de pessoas assíduas que lhe formam a base; o segundo, daquelas que nele são admitidas temporária e acidentalmente. É na composição do elemento estável que é essencial pôr uma atenção escrupulosa e, nesse caso, não é preciso hesitar em sacrificar a quantidade à qualidade, porque é ele que dá o impulso e serve de regulador; o elemento flutuante é menos importante, porque se é sempre livre para modificá-lo à vontade. Não se pode perder de vista que as reuniões espíritas, como de resto todas as reuniões em geral, haurem as fontes de sua vitalidade na base sobre a qual estão assentadas; tudo depende, sob esse aspecto, do ponto de partida. Aquele que tenha a intenção de organizar um grupo em boas condições deve, antes de tudo, assegurar-se do concurso de alguns adeptos sinceros, que levem a Doutrina a sério, e cujo caráter *conciliador* e benevolente lhe seja conhecido. Estando esse núcleo formado, mesmo que seja por três ou quatro pessoas, estabelecer-se-ão regras precisas, seja para as admissões, seja para a correção das sessões e para a ordem dos trabalhos, regras com as quais os novos que chegam sejam obrigados a concordar. Essas regras podem sofrer modificações segundo as circunstâncias, mas há algumas delas essenciais.

15. Sendo a unidade de princípios um dos pontos importantes, essa unidade não pode existir naqueles que, não tendo estudado, não podem ter formado uma opinião. A primeira condição a impor, se não se quer estar, a cada instante, distraído por objeções ou por perguntas ociosas, é, pois, o estudo preliminar. A segunda é uma profissão de fé categórica, e uma adesão formal à doutrina de *O Livro dos Espíritos,* e tais outras condições especiais que se julgarem apropriadas. Isto é para os membros titulares e dirigentes; para os ouvintes, que vêm geralmente para adquirir um acréscimo de conhecimentos e de convicção, pode-se ser menos rigoroso; entretanto, como há os que poderiam causar perturbação, com observações deslocadas, é importante se assegurar de suas disposições; é preciso, sobretudo e sem exceção, afastar os curiosos e quem quer que tenha sido atraído senão por um motivo frívolo.

16. A ordem e a regularidade dos trabalhos são coisas igualmente essenciais. Consideramos como eminentemente útil abrir cada sessão pela leitura de algumas passagens de *O Livro dos Médiuns* e de *O Livro dos Espíritos;* por esse meio, ter-se-ão sempre presentes na memória os princípios da ciência e os meios de evitar os escolhos que se encontram, a cada passo, na prática. A atenção se fixará, assim, sobre essas comunicações e que, frequentemente, são de interesse geral, e não são dadas pelos Espíritos para a instrução de alguns somente ou para serem escon-

didas nos arquivos. É, pois, útil que sejam levadas ao conhecimento de todos pela publicidade. Examinaremos esta questão em um artigo do nosso próximo número, indicando o modo mais simples, o mais econômico e, ao mesmo tempo, o mais próprio para alcançar o objetivo.

17. Como se vê, nossas instruções se dirigem exclusivamente aos grupos formados por elementos sérios e homogêneos, ou seja, àqueles que querem seguir a senda do Espiritismo moral, tendo em vista o progresso de cada um, objetivo essencial e único da Doutrina; àqueles, enfim, que querem nos aceitar por guia e levar em conta os conselhos de nossa experiência. É incontestável que um grupo formado nas condições que indicamos funcionará com regularidade, sem entraves, e de maneira frutífera. O que um grupo pode fazer, outros podem fazê-lo do mesmo modo. Suponhamos, pois, numa cidade, um número qualquer de grupos, constituídos sobre as mesmas bases; por consequência, haverá, necessariamente, entre eles, unidade de princípios, uma vez que seguem a mesma bandeira; união simpática, uma vez que têm, por máxima, amor e caridade; são, em uma palavra, os membros de uma mesma família, entre os quais não poderia haver nem concorrência, nem rivalidade de amor-próprio, se estão todos animados com os mesmos sentimentos para o bem.

18. Seria útil, entretanto, que houvesse entre eles um ponto de união, um centro de ação. Segundo

as circunstâncias e as localidades, os diversos grupos, pondo de lado toda questão pessoal, poderiam designar para tal fim aquele que, pela sua posição e sua importância relativa, seria o mais apto a dar ao Espiritismo um impulso salutar. Se for preciso, e se for necessário manejar suscetibilidades, um grupo central formado por delegados de todos os grupos tomaria o nome de *grupo diretor*. Na impossibilidade, para nós, de corresponder com todos, seria este com o qual teríamos relações mais diretas. Poderíamos igualmente, em certos casos, designar uma pessoa encarregada mais especialmente para nos representar.

Sem prejuízo das relações que se estabelecerão, pela força das coisas, entre os grupos de uma cidade caminhando numa senda idêntica, uma assembleia geral anual poderia reunir os espíritas dos diversos grupos numa festa de família, que seria, ao mesmo tempo, a festa do Espiritismo. Discursos ali seriam pronunciados, e seria dada leitura a comunicações mais notáveis ou apropriadas à circunstância.

O que é possível entre os grupos de uma mesma cidade, o é igualmente entre os grupos diretores de diferentes cidades, desde que haja entre eles comunhão de objetivos e de assentimentos; quer dizer, que possam estabelecer relações recíprocas. Indicaremos os meios para isso quando falarmos do modo de publicidade.

19. Tudo isto, como se vê, é de uma execução

muito simples, e sem órgãos complicados; mas tudo depende do ponto de partida, quer dizer, da composição dos grupos primitivos. Se estão formados com bons elementos, serão tantas boas raízes que darão bons rebentos. Se, ao contrário, estão formados de elementos heterogêneos e antipáticos, de espíritas duvidosos, ocupando-se mais da forma do que do fundo, considerando a moral como a parte acessória e secundária, é necessário esperar polêmicas irritantes e sem resultado, pretensões pessoais, choque de suscetibilidades e, em consequência, conflitos precursores da desorganização. Entre verdadeiros espíritas, tais como os definimos, vendo o objetivo essencial do Espiritismo na moral, que é a mesma para todos, haverá sempre abnegação da personalidade, condescendência e benevolência, e, por conseguinte, segurança e estabilidade nas relações. Eis por que insistimos tanto sobre as qualidades fundamentais.

20. Dir-se-ão, talvez, que essas severas restrições são um obstáculo à propagação; é um erro. Não creiais que, abrindo as portas ao primeiro que chegue, façais mais prosélitos; a experiência aí está para provar o contrário; seríeis assaltados pela multidão dos curiosos e dos indiferentes, que ali viriam como a um espetáculo; ora, os curiosos e os indiferentes são embaraços e não auxiliares. Quanto aos incrédulos, seja por sistema ou por orgulho, o que quer que lhes mostreis, não tratarão disso senão com zombaria, porque não o compreendem, e não querem se dar ao

trabalho de compreender. Nós o dissemos, e nunca repetiríamos em demasia: a verdadeira propagação, a que é útil e frutífera, se faz pelo ascendente moral das reuniões sérias; se apenas houvesse dessas reuniões, os Espíritas seriam ainda mais numerosos do que o são, porque, é preciso dizê-lo, muitos foram desviados da Doutrina porque não assistiram senão a reuniões fúteis, sem ordem e sem seriedade. Sede, pois, sérios em toda a acepção da palavra, e pessoas sérias virão a vós: são os melhores propagadores, porque falam por convicção e pregam pelo exemplo, tanto quanto por palavras.

21. Do caráter essencialmente sério das reuniões não é preciso inferir que se devam sistematicamente proscrever as manifestações físicas. Assim como o dissemos em *O Livro dos Médiuns* (nº 326), elas são de uma utilidade incontestável do ponto de vista do estudo dos fenômenos e para a convicção de certas pessoas; mas, para aproveitá-las no seu duplo ponto de vista, é necessário delas excluir todo pensamento frívolo. Uma reunião que possuísse um bom médium de efeitos físicos, e que se ocupasse desse gênero de manifestações com ordem, método e seriedade, *cuja condição moral oferecesse toda garantia contra o charlatanismo e a fraude,* não só poderia obter coisas notáveis do ponto de vista fenomênico, mas produziria muito bem. Convidamos, pois, fortemente a não negligenciar esse gênero de experimentação, tendo-se à sua disposição médiuns apropriados, e a

organizar, para esse fim, sessões especiais independentes daquelas onde se ocupa das comunicações morais e filosóficas. Os médiuns possuidores dessa categoria são raros; mas há fenômenos que, embora mais vulgares, não são menos interessantes e muito concludentes, porque provam de maneira evidente a independência do médium; desse número são as comunicações pela tiptologia alfabética, que, frequentemente, dão os mais inesperados resultados. A teoria desses fenômenos é necessária para poder se dar conta da maneira pela qual operam, pois é raro que levem uma convicção profunda naqueles que não os compreendem; ela tem, a mais, a vantagem de fazer conhecer as condições normais nas quais podem se produzir e, consequentemente, evitar tentativas inúteis, e colaborar na descoberta de fraude, caso se insinue em alguma parte.

Acreditou-se erradamente que éramos sistematicamente opostos às manifestações físicas; preconizamos e preconizaremos sempre as comunicações inteligentes, sobretudo aquelas que têm uma importância moral e filosófica, porque só elas tendem ao objetivo essencial e definitivo do Espiritismo; quanto às outras, nunca lhes contestamos a utilidade, mas nos levantamos contra o abuso deplorável que delas se faz, e que se pode delas fazer, contra a exploração que delas fez o charlatanismo, contra as más condições nas quais, o mais frequentemente, opera-se, e que se prestam ao ridículo; dissemos e repetimos que as manifestações físicas foram o início da ciência e que não se avança permanecendo no *abc;* que, se o Espiritismo não tivesse saído das mesas girantes, não teria crescido como o fez, e que dele não se falaria, talvez, mais hoje; eis por que nos esforçamos por fazê-lo entrar no caminho filosófico, certos de que, então, dirigir-se-ia mais à inteligência do que aos olhos, e tocaria o coração, e não seria um assunto de moda; só com esta única condição é que ele poderia fazer a volta ao mundo e se implantar como Doutrina; ora, o resultado de muito ultrapassou a nossa expectativa. Não atribuímos às manifestações físicas senão uma importância relativa e não absoluta; aí está o nosso erro, aos olhos de certas pessoas que delas fazem sua ocupação exclusiva, e não veem nada além. Se não nos ocupamos delas pessoalmente, é que não nos ensinariam nada de novo, e temos coisas mais essenciais a fazer; longe de censurar aqueles que delas se ocupam, nós os encorajamos, desde que o façam nas condições realmente proveitosas; todas as vezes, pois, que conhecemos reuniões desse gênero, merecedores da nossa confiança, seremos os primeiros a recomendá-las à atenção dos novos adeptos. Tal é, sobre essa questão, a nossa profissão de fé categórica.

22. Dissemos, no início, que várias reuniões espíritas pediram para se unir à Sociedade de Paris; serviu-se mesmo da palavra *afiliar;* uma explicação, a este respeito, é necessária.

A Sociedade de Paris foi a primeira regular e

legalmente constituída; pela sua posição e natureza de seus trabalhos, teve uma grande parte no desenvolvimento do Espiritismo, e justifica, em nossa opinião, o título de *Sociedade Iniciadora* que certos Espíritos lhe deram. Sua influência moral se fez sentir ao longe, e, se bem que ela se tenha restringido, numericamente falando, tem a consciência de ter feito mais pela propaganda do que se tivesse aberto suas portas ao público. Formou-se no único objetivo de estudar e aprofundar a ciência espírita; não teve necessidade, para isso, de um auditório numeroso, nem de muitos membros, sabendo muito bem que a verdadeira propaganda se faz pela influência dos princípios. Como não está movida por nenhum motivo de interesse material, um excedente numérico ser-lhe-ia mais nocivo do que útil; também ver-se-á, com prazer, multiplicar ao seu redor as reuniões particulares formadas em boas condições, e com as quais ela poderá estabelecer relações de confraternidade. Não estaria nem consequente com os seus princípios, nem à altura de sua missão, se lhe pudesse conceber a sombra de inveja; aqueles que a creem disso capaz não a conhecem.

    Estas observações bastam para mostrar que a Sociedade de Paris não poderia ter a pretensão de absorver as outras Sociedades que poderiam se formar em Paris, ou em outra parte, com os mesmos trâmites; a palavra *afiliação* seria, pois, imprópria, porque suporia, de sua parte, uma espécie de supremacia material à qual não aspira de nenhum modo, e que teria mesmo inconvenientes. Como Sociedade iniciadora e central, poderia estabelecer com os outros grupos ou Sociedades relações puramente científicas, mas aí se limita o seu papel; não exerce nenhum controle sobre essas Sociedades, que não dependem dela de maneira alguma, e ficam inteiramente livres para se constituírem como bem o entenderem, sem ter de dar disso conta a ninguém e sem que a Sociedade de Paris tenha que se imiscuir, no que quer que seja, em seus negócios. As Sociedades estrangeiras podem, pois, formar-se sobre as mesmas bases, declarar que adotam os mesmos princípios, sem dela dependerem a não ser pela concentração dos estudos, dos conselhos que podem lhe pedir, e que aquela sempre terá um prazer em lhes dar.

A Sociedade de Paris, aliás, não se vangloria de estar, mais do que as outras, ao abrigo das vicissitudes. Se as tivesse, por assim dizer, em suas mãos, e que, por uma causa qualquer, ela deixasse de existir, faltar-lhes-ia o ponto de apoio e disso resultaria uma perturbação. Os grupos ou Sociedades devem procurar um ponto de apoio mais sólido do que em uma instituição humana, necessariamente frágil; devem tirar a sua vitalidade nos princípios da Doutrina, que são os mesmos para todos, e que sobrevivem a todos, quer esses princípios estejam, ou não, representados por uma Sociedade constituída.

23. Estando claramente definido o papel da

Sociedade de Paris, para se evitar todo equívoco e toda falsa interpretação, as relações que ela estabelecerá com as Sociedades estrangeiras ficam extremamente simplificadas; limitam-se às relações morais, científicas e de mútua benevolência, sem nenhuma sujeição; transmitirão, reciprocamente, o resultado de suas observações, seja pelas publicações, seja pela correspondência. Para que a Sociedade de Paris possa estabelecer essas relações, é preciso, necessariamente, que elas sejam designadas pelas Sociedades estrangeiras que entendam caminhar no mesmo caminho, e adotar a mesma bandeira, e inscrevê-las-á na lista de seus correspondentes. Se houver vários grupos numa cidade, serão representados pelo grupo central, do qual falamos no parágrafo 18.

24. Indicaremos, desde logo, alguns trabalhos aos quais as diversas Sociedades podem concorrer de maneira frutífera; mais tarde, indicaremos outros.

Sabe-se que os Espíritos, não tendo todos a soberana ciência, podem encarar certos princípios sob o seu ponto de vista pessoal e, em consequência, não estarem sempre de acordo. O melhor critério da verdade está, naturalmente, na concordância dos princípios ensinados sobre diversos pontos por Espíritos diferentes, e por intermédio de médiuns estranhos uns aos outros. Foi assim que foi composto *O Livro dos Espíritos*, mas ainda restam muitas questões importantes que podem ser resolvidas dessa maneira, e cuja solução terá tanto mais autoridade quanto tiver obtido uma grande maioria. A Sociedade de Paris poderá, pois, na ocasião, dirigir as perguntas dessa natureza a todos os grupos correspondentes, que delas pedirão a solução, pelos seus médiuns, aos seus guias espirituais.

Um outro trabalho consiste nas pesquisas bibliográficas. Existe um número muito grande de obras, antigas e modernas, em que se encontram testemunhos, mais ou menos diretos, em favor das ideias espíritas. Uma coletânea desses testemunhos seria muito preciosa, mas é quase impossível que seja feita por uma única pessoa. Tornar-se-á fácil, ao contrário, se cada um quiser deles tirar alguns elementos em suas leituras, ou em seus estudos, transmitindo-os à Sociedade de Paris, que os coordenará.

25. Tal é, no estado atual das coisas, a única organização possível do Espiritismo; mais tarde, as circunstâncias poderão modificá-la, mas nada é preciso fazer intempestivamente; já é muito que, em tão pouco tempo, os adeptos estejam bastante multiplicados para chegar a esse resultado. Há, nessa disposição, um quadro que pode se estender ao infinito, pela simplicidade mesma dos órgãos; não procuremos, pois, complicá-los, com medo de encontrar obstáculos. Aqueles que querem bem nos conceder alguma confiança podem estar seguros de que não os deixaremos na retaguarda, e que cada coisa virá a seu tempo. É só a eles, como o dissemos, que nos

dirigimos nestas instruções, não tendo a pretensão de nada impor àqueles que não caminham conosco.

    Disse-se, para denegrir, que queríamos fazer escola no Espiritismo; e por que não teríamos esse direito? O Sr. de Mirville não tentou formar a escola demoníaca? Por que seríamos obrigados a seguir a reboque tal ou tal? Não temos o direito de ter uma opinião, de formulá-la, de publicá-la, de proclamá-la? Se ela encontra tão numerosos adeptos, é que aparentemente não se encontra despida de todo senso comum; mas aí está o nosso erro, aos olhos de certas pessoas, pois não nos perdoam por termos sido mais rápidos do que elas, sobretudo, por termos vencido. Que isso seja, pois, uma escola, uma vez que querem assim; para nós, será uma glória inscrever sobre o frontespício: *Escola do Espiritismo moral, filosófico e cristão;* e, para isso, convidamos todos aqueles que tomam por divisa *amor e caridade.* Àqueles que se unem a esta bandeira, todas as nossas simpatias, o nosso concurso jamais faltará.

OS TRÊS TIPOS

Pelo Espírito *Gérard de Nerval*

1861, janeiro.

Há no mundo três tipos que serão eternos; esses três tipos, grandes homens os pintaram tais quais foram em seu tempo e adivinharam que existiriam sempre. Esses três tipos são primeiro *Hamlet*, que ele mesmo disse: *To be or not be, that is the question;* depois *Tartufo,* que resmunga preces e que, além do mais, medita o mal; depois *Don Juan*, que disse a todos: *Eu não creio em nada.* Molière encontrou, só ele, dois desses tipos; ele enfraqueceu Tartufo e fulminou Don Juan. O homem, sem a verdade, está na dúvida como Hamlet, sem consciência como Tartufo, sem coração como Don Juan. Hamlet está na dúvida, é verdade, mas procura, é infeliz, a incredulidade acabrunha, suas mais suaves ilusões se afastam dia a dia, e esse ideal, essa verdade que ele persegue, cai no abismo como Ofélia e não está jamais perdida para ele; então, torna-se louco e morre em desespero; mas Deus lhe perdoará porque teve coração, amou, e foi o mundo que lhe arrebatou aquilo que ele queria conservar.

Os dois outros tipos são atrozes, porque são egoístas e hipócritas, cada um em seu gênero. Tartufo toma a máscara da virtude, o que o torna odioso; Don Juan não crê em nada, nem mesmo em Deus; não crê senão nele. Jamais vos pareceu ver nesse emblema famoso de Don Juan e da estátua do Comendador, o ceticismo em face das mesas girantes? O Espírito humano corrompido diante da mais brutal manifestação? O mundo nisso não viu, até o presente, senão uma figura inteiramente humana; credes que não falta ver neles e sentir muito mais? Quanto o gênio inimitável de Molière não teve nesta obra o sentimento do bom senso sobre os fatos espirituais, como sempre o teve para os defeitos deste mundo!

Médium Sr. Alfred Didier.

OS TRÊS TIPOS

Pelo Espírito *Gérard de Nerval*.

1861, fevereiro.

(CONTINUAÇÃO)

NOTA. NOS TRÊS DITADOS SEGUINTES, O ESPÍRITO desenvolve cada um dos três tipos que ele esboçou no capítulo anterior. (Revista Espírita de janeiro de 1861)

I

No vosso mundo, aqui embaixo, o interesse, o egoísmo e o orgulho abafam a generosidade, a caridade e a simplicidade. O interesse e o egoísmo são os dois maus gênios do financista e do rico; o orgulho é o vício daquele que sabe e, sobretudo, daquele que pode. Quando um coração verdadeiramente pensador examina esses três vícios horrendos, ele sofre; porque, estejais bem seguros disso, o homem que medita sobre o nada e a maldade desse mundo, é ordinariamente um homem cujos sentimentos e instintos são brandos e caridosos; e, vós bem o sabeis, os brandos são infelizes, disse La Fontaine, que me esqueci de pôr ao lado de Molière; só os brandos são infelizes, porque eles sentem.

Hamlet é a personificação dessa parte infeliz da Humanidade, que chora e que sofre sempre, e que se vinga vingando Deus e a moral. Hamlet teve vícios vergonhosos para punir em sua família: o orgulho e a luxúria e o egoísmo. Essa alma terna e melancólica, aspirando à verdade, deslustra-se ao sopro do mundo, como um espelho que não pode mais refletir o que é bom e o que é justo; e essa alma tão pura verteu o sangue de sua mãe e vingou a sua honra. Hamlet é a inteligência impotente, o pensamento profundo lutando contra o orgulho estúpido e contra a impudicícia materna. O homem que pensa e vinga um vício da Terra, qualquer que seja, é culpado aos olhos dos homens, e, frequentemente, não o é diante de Deus. Não credes que quero idealizar o desespero: já fui bastante punido! Mas há tais nevoeiros diante dos olhos do mundo!

Nota. O Espírito, solicitado a dar a sua apreciação sobre La Fontaine, do qual acabara de falar, acrescentou:

La Fontaine não é mais conhecido que Corneille e Racine. Conheceis apenas os vossos literatos, e os alemães, entretanto, conhecem tanto Shakespeare quanto Goethe. La Fontaine, para retornar ao meu assunto, é o francês por excelência, escondendo a sua originalidade e a sua sensibilidade sob o nome de Esopo e de alegre pensador; mas, estejais seguros disso, La Fontaine era brando, como vo-lo disse há pouco; vendo que não era compreendido, afetou essa simplicidade que chamais de falsa; em vossos dias, teria sido alistado no regimento dos falsos homens. A verdadeira inteligência não é falsa, mas, frequentemente, é preciso uivar com os lobos, e foi o que pôs a perder La Fontaine, na opinião de muita gente. Não vos falo de seu gênio: ele é igual, se não, superior ao de Molière.

II

Don Juan, para retornarmos ao nosso pequeno curso de literatura muito familiar, é como já tive a honra de vos dizer, o tipo mais perfeitamente pintado do nobre corrompido e blasfemador. Molière elevou-o até o drama, porque efetivamente a punição de Don Juan não deveria ser humana, mas divina; é pelos golpes inesperados da vingança celeste que caem essas cabeças orgulhosas; o efeito é tanto mais dramático quanto mais imprevisto.

Eu disse que Don Juan era um tipo, mas, verdadeiramente dizendo, é um tipo raro; porque, em realidade, veem-se poucos homens dessa têmpera, porque quase sempre são todos covardes; entendo a classe dos insensíveis e dos corrompidos.

Muitos blasfemam; poucos, eu vos asseguro, ousam blasfemar sem medo. A consciência é um eco que lhes devolve a sua blasfêmia, e a escutam tiritantes de medo, mas riem diante do mundo; é o que se chamam hoje os fanfarrões do vício. Essa espécie de libertinos é numerosa em vossa época, mas estão longe de serem os filhos de Voltaire.

Molière, para voltar ao nosso assunto, sendo o mais sábio autor, e observador mais profundo, não somente castigou os vícios que atacam a Humanidade, mas também aqueles que ousam dirigir-se a Deus.

III

Até o presente, vimos dois tipos: um, generoso e infeliz; o outro, feliz, segundo o mundo, mas bem miserável diante de Deus. Resta-nos ver o mais feio, o mais ignóbil, o mais repugnante; refiro-me a Tartufo.

Na antiguidade, a máscara da virtude era já horrenda, porque, sem estar depurada pela moral cristã, o paganismo tinha também virtudes e sábios; mas diante do altar do Cristo, essa máscara é mais hedionda ainda, porque é a do egoísmo e da hipocrisia. O paganismo talvez tenha tido menos Tartufos do que a religião cristã; explorar o coração do homem sábio e bom, gabá-lo em todas as suas ações, enganar as pessoas confiantes por uma aparente piedade, impelir a profanação até receber a Eucaristia com o orgulho e a blasfêmia no coração, eis o que faz Tartufo, o que fez e o fará sempre.

Ó vós, homens imperfeitos e mundanos, que condenais um princípio divino e uma moral sobre-humana, porque dela quereis abusar, sois cegos quando confundis os homens com esse princípio, quer dizer, Deus com a Humanidade. É porque escondeis as vossas torpezas sob um manto sagrado, que Tartufo é hediondo e repugnante. Maldição sobre ele, porque ele maldizia quando era perdoado; e meditava a traição quando pregava a caridade.

A FÉ, A ESPERANÇA E A CARIDADE

Pelos Espíritos *Georges, Felícia e Adolphe Dupuch*

1862, fevereiro.

A fé.

Eu sou a irmã mais velha da Esperança e da Caridade, chamo-me a Fé.

Sou grande e forte; aquele que me possui não teme nem o ferro nem o fogo: é a prova de todos os sofrimentos físicos e morais. Irradio sobre vós com um faixo cujos jatos faiscantes se refletem no fundo dos vossos corações e vos comunica a força da vida. Diz-se, entre vós, que ergo as montanhas, e eu vos digo: venho erguer o mundo, porque o Espiritismo é a alavanca que deve me ajudar. Uni-vos, pois, a mim, eu sou a Fé.

Eu sou a Fé! Habito, com a Esperança, a Caridade e o Amor, o mundo dos puros Espíritos; frequentemente, deixei as regiões etéreas e vim sobre a Terra para vos regenerar, dando-vos a vida do Espírito; mas, excetuando-se os mártires dos primeiros tempos do Cristianismo, e alguns fervorosos sacrifícios, de longe em longe, ao progresso da ciência, das letras, da indústria e da liberdade, só encontrei, entre os homens, indiferença e frieza e retomei tristemente meu voo para os Céus; vós me julgastes em vosso meio, mas vos enganastes, porque a Fé sem as obras é apenas uma aparência da Fé; a verdadeira Fé é vida e ação.

Antes da revelação do Espiritismo, a vida era estéril, era uma árvore que, ressequida pelos raios, não produzia nenhum fruto. Não se me reconhecia pelos meus atos: eu ilumino as inteligências, aqueço e fortaleço os corações; expulso para longe de vós as influências enganadoras e vos conduzo a Deus pela perfeição do espírito e do coração. Vinde vos alinhar sob minha bandeira; sou poderosa e forte: eu sou a Fé.

Sou a Fé, e o meu reino começa entre os homens; reino pacífico que vai torná-los felizes para o tempo presente e para a eternidade. A aurora de meu advento entre vós é pura e serena; seu sol será resplandescente, e seu crepúsculo virá docemente embalar a Humanidade nos braços das felicidades eternas. Espiritismo! Derrama sobre os homens o teu batismo regenerador; faço-lhes um apelo supremo: eu sou a Fé.

GEORGES,
Bispo de Périgueux.

A Esperança.

Eu me chamo Esperança; sorrio à vossa entrada na vida; eu vos sigo passo a passo e não vos deixo senão nos mundos onde se realizam, para vós, as promessas de felicidade que ouvis murmurar aos vossos ouvidos, sem cessar. Eu sou vossa fiel amiga; não repilais minhas inspirações: eu sou a Esperança.

Sou eu quem canta pela voz do rouxinol e quem lança, aos ecos das florestas, essas notas lamentosas e cadenciadas que vos fazem sonhar com os Céus; sou eu quem inspira à andorinha o desejo de aquecer seus amores no abrigo de vossas moradas; eu brinco na brisa leve que acaricia os vossos cabelos; eu derramo aos vossos pés os perfumes suaves das flores de vossos jardins, e é com dificuldade que dirigis um pensamento a esta amiga que vos é tão devotada! Não a repilais: é a Esperança.

Eu tomo todas as formas para me aproximar de vós: eu sou a estrela que brilha no azul, o quente raio de sol que vos vivifica; embalo vossas noites com sonhos alegres; expulso para longe de vós a tenebrosa inquietação e os pensamentos sombrios; guio vossos passos para o caminho da virtude; acompanho-vos em vossas visitas aos pobres, aos aflitos, aos moribundos e vos inspiro as palavras afetuosas que consolam; não me repilais: eu sou a Esperança.

Eu sou a Esperança! Sou eu quem, no inverno, faz crescer, sobre a crosta dos carvalhos, os musgos espessos com os quais os pequenos pássaros constroem seus ninhos; sou eu quem, na primavera, coroa a macieira e a amendoeira de flores brancas e rosas, e as derrama sobre a terra como uma juncada celeste que faz aspirar aos mundos felizes; estou, sobretudo, convosco quando sois pobres e sofredores; minha voz ressoa, sem cessar, em vossos ouvidos; não me repilais: eu sou a Esperança.

Não me repilais, porque o anjo do desespero me faz uma guerra obstinada e se esgota em vãos esforços para me substituir junto de vós; não sou sempre a mais forte e, quando ele chega a me afastar, envolve-vos com suas asas fúnebres, desvia os vossos pensamentos de Deus e vos conduz ao suicídio; uni-vos a mim para afastar sua funesta influência e deixai-vos embalar docemente em meus braços, porque eu sou a Esperança.

FELÍCIA.

Filha do médium.

A Caridade

Eu sou a Caridade; sim, a verdadeira Caridade; não me pareço em nada com a caridade da qual seguis as práticas. Aquela que usurpou meu nome entre vós é fantasiosa, caprichosa, exclusiva, orgulhosa, e venho vos premunir contra os defeitos que deslustram, aos olhos de Deus, o mérito e o brilho de vossas boas ações. Sede dóceis às lições que o Espírito de Verdade vos faz dar por minha voz; segui-me, meus fiéis: eu sou a Caridade.

Segui-me; conheço todos os infortúnios, todas as dores, todos os sofrimentos, todas as aflições que assediam a Humanidade. Eu sou a mãe dos órfãos, a filha dos idosos, a protetora e o sustento das viúvas; eu trato das feridas infectas; eu cuido de todas as enfermidades; eu dou as vestes, o pão e um abrigo àqueles que não os têm. Eu subo aos mais miseráveis sótãos, às humildes mansardas; bato à porta dos ricos e dos poderosos, porque, por toda parte onde vive uma criatura humana, há sempre, sob a máscara da felicidade, amargas e cruciantes dores. Oh! Quanto minha tarefa é grande! Não posso cumpri-la se não vierdes em minha ajuda; vinde a mim: eu sou a Caridade.

Eu não tenho preferência por ninguém; jamais digo àqueles que têm necessidade de mim: "Tenho meus pobres, procurai em outra parte". Oh! Falsa caridade, quanto mal fazeis! Amigos, devemo-nos a todos; crede-me! Não recuseis vossa assistência a ninguém; socorrei-vos uns aos outros com bastante desinteresse para não exigir nenhum reconhecimento da parte daqueles que tiverdes socorrido. A paz do coração e da consciência é a doce recompensa de minhas obras: eu sou a verdadeira Caridade.

Ninguém conhece, sobre a Terra, o número e a natureza de meus benefícios; só a falsa caridade fere e humilha aquele a quem ela alivia. Guardai-vos desse funesto desvio; as ações desse gênero não têm nenhum mérito junto a Deus e atraem sobre vós sua cólera. Só Ele sabe e conhece os impulsos generosos de vosso coração, quando vos fazeis os dispensadores de Seus benefícios. Guardai-vos, pois, amigos, de dar publicidade à prática da assistência mútua. Não mais lhe deis o nome de esmola; crede em mim: Eu sou a Caridade.

Tenho tantos infortúnios a aliviar que, frequentemente, tenho os seios e as mãos vazias; venho vos dizer que espero em vós. O Espiritismo tem por divisa: Amor e Caridade, e todos os verdadeiros espíritas virão, no futuro, ajustar-se a esse sublime preceito pregado pelo Cristo, há dezoito séculos. Segui-me, pois, irmãos, e vos conduzirei ao reino de Deus, nosso Pai. Eu sou a Caridade.

ADOLPHE DUPUCH,
Bispo de Argélia.

Instruções dadas pelos nossos guias a respeito das três comunicações acima.

Meus caros amigos, devestes crer que era um de nós que vos havia dado esses ensinamentos sobre a fé, a esperança e a caridade, e teríeis razão. Felizes de ver Espíritos superiores vos dar, tão amiúde, conselhos que devem vos guiar em vossos trabalhos espirituais, nós sentimos doce e pura alegria quando vimos ajudá-los na tarefa de vosso apostolado espírita.

Podeis, pois, atribuir ao Espírito *Georges*, a comunicação da Fé; a da Esperança à *Felícia*: nela, encontrareis o estilo poético que tinha durante a sua vida; a da Caridade, a *Dupuch*, bispo da Argélia, que foi, sobre a Terra, um de seus fervorosos apóstolos.

Temos ainda que vos fazer tratar a caridade de um outro ponto de vista; nós o faremos em alguns dias.

VOSSOS GUIAS.

Bordeaux, Médium, senhora Cazemajoux.

A VINGANÇA

Pelo Espírito *Pierre Ange*

1862, agosto.

A VINGANÇA É DOCE AO CORAÇÃO, DISSE O POETA. OH! Pobres cegos que dais livre curso à mais odiosa das paixões, credes fazer mal ao vosso próximo quando lhes dais vossos golpes, e não sentis que eles, os golpes, voltam-se contra vós mesmos. Ela não é somente um crime, mas uma absurda imperícia; ela é, com seus irmãos, o rancor, o ódio, o ciúme, filhos do orgulho, o meio do qual se servem os Espíritos das trevas para atraírem a si aqueles que temem ver escapar-lhes; é o mais infalível instrumento de perdição que possa ser colocado nas mãos dos homens pelos inimigos que se obstinam em sua queda moral. Resisti, filhos da Terra, a esse culpável arrastamento e estejais seguros de que, se alguém mereceu vossa cólera, não será na explosão de vosso rancor que encontrareis a calma de vossa consciência. Colocai nas mãos do Todo-Poderoso o cuidado de se pronunciar sobre os vossos direitos e sobre a justiça de vossa causa. Há na vingança alguma coisa de ímpia e de degradante para o Espírito.

Não, a vingança não é compatível com a perfeição; enquanto uma alma dela conservar o sentimento, ficará nas regiões mais inferiores do mundo dos Espíritos. Mas a vossa não será mais do que os outros o eterno joguete dessa infeliz paixão; posso assegurá-lo de que a abolição da falsa noção do inferno eterno, ou antes, da condenação eterna, que tem sido o pretexto ou uma desculpa íntima dos atos vingativos, será a aurora de uma era nova de tolerância e de mansuetude que não tardará a se estender até às regiões privadas da vida moral. O homem podia condenar a vingança quando lhe apresentavam Deus como ciumento, Ele mesmo se vingando por torturas sem fim? Cessai, pois, ó homens, de insultar a Divindade, atribuindo-Lhe as vossas mais ignóbeis paixões. Então sereis, ó habitantes da Terra, um povo abençoado por Deus. Fazei de maneira que, vós que me escutais, tendo libertado vossa alma desse culpado e odioso móvel dos atos mais contrários à caridade, mereçais ser admitidos no recinto sagrado do qual só a caridade pode abrir as portas.

Sociedade Espírita de Paris. –
Méd., Sr. de B... M...

A VINHA DO SENHOR

Pelo Espírito *Santo Agostinho*

1862, março.

ENFIM, TODOS VIRÃO TRABALHAR NA VINHA: JÁ OS VEJO; chegam em quantidade; ei-los que acorrem. Vamos à obra, filhos! Eis que Deus quer que todos nela trabalheis.

Semeai, semeai, e um dia colhereis com abundância. Vede no Oriente esse belo Sol; como ele se eleva radioso e brilhante! Vem para nos aquecer e aumentar os cachos da vinha. Vamos, filhos! As vindimas estarão esplêndidas, e cada um de vós virá beber na taça o vinho sagrado da regeneração. É o vinho do Senhor, que será vertido no banquete da fraternidade universal! Aí todas as nações estarão reunidas em uma só e mesma família e cantarão os louvores de um mesmo Deus. Armai-vos, pois, de arados e facões, vós que quereis viver eternamente; amarrai as cepas, a fim de que não tombem e fiquem eretas, e suas ramas subirão ao céu. Haverá as que terão cem côvados, e os

Espíritos dos mundos etéreos virão espremer-lhes os bagos e refrescá-los; o suco será de tal modo poderoso que dará a força e a coragem aos fracos; será o leite nutritivo do pequeno.

Eis a vindima que vai se fazer; ela já se fez; preparam-se os vasos que devem conter o licor sagrado. Aproximai vossos lábios, vós que quereis provar, porque esse licor vos embriagará de um celeste êxtase, e vereis Deus em vossos sonhos, esperando que a realidade suceda ao sonho.

Filhos! Essa vinha esplêndida que deve vos elevar para Deus é o Espiritismo. Adeptos fervorosos, é preciso erguê-la possante e forte, e vós, pequenos, é preciso que ajudeis os fortes a sustentá-la e a propagá-la! Cortai-lhe os brotos e plantai-os em um outro campo; eles produzirão novas vinhas e outros brotos em todos os países do mundo.

Sim, eu vo-lo digo: enfim, todo o mundo beberá do suco da vinha, e vós o bebereis no reino do Cristo, com o Pai celeste! Sede, pois, saudáveis e dispostos, e não vivais uma vida austera. Deus não vos pede viver de austeridade e de privações; não pede que cubrais o vosso corpo com um cilício: quer que vivais somente segundo a caridade e segundo o coração. Não quer mortificações que destruam o corpo; quer que cada um se aqueça ao seu sol e, se fez raios mais frios que outros, foi para fazer todos compreenderem quanto é forte e poderoso. Não, não vos cubrais de cilício; não deveis ferir vossa carne sob os golpes da disciplina; para trabalhar na vinha, é preciso ser robusto e poderoso; é preciso ao homem o vigor que Deus lhe deu. Ele não criou a Humanidade para fazer dela uma raça bastarda e enfraquecida; Ele a fez como manifestação de Sua glória e de Seu poder.

Vós que quereis viver a verdadeira vida, estareis nos caminhos do Senhor quando houverdes dado o pão aos infelizes, o óbolo aos sofredores e a vossa prece a Deus. Então, quando a morte fechar as vossas pálpebras, o anjo do Senhor proclamará com clareza os vossos benefícios, e vossa alma, levada sobre as asas brancas da caridade, subirá a Deus, tão bela e tão pura quanto um belo lírio que desabrocha de manhã sob um sol primaveril.

Orai, amai e fazei a caridade, meus irmãos. A vinha é grande, o campo do Senhor é imenso; vinde, vinde, Deus e o Cristo vos chamam, e eu vos abençoo.

Sociedade Espírita de Paris. – Médium, Sr. E.Vézy.

AOS MEMBROS DA SOCIEDADE ESPÍRITA DE PARIS PARTINDO PARA A RÚSSIA

1862, maio.

NOTA. – VÁRIOS PERSONAGENS DE DISTINÇÃO, RUSSOS, tendo vindo passar o inverno em Paris, principalmente em vista de completar sua instrução espírita, foram considerados membros da Sociedade, para assistir regularmente às sessões. Alguns já tinham partido, entre outros o príncipe Dimetry G..., outros estavam às vésperas de sua partida. Foi esta circunstância que deu lugar à comunicação espontânea seguinte:

"Ide e ensinai, disse o Senhor. É a vós, filhos da grande família que se forma, que me dirijo esta noite. Retornais à vossa pátria e às vossas famílias; no lar, não vos esqueçais de que um outro pai, o Pai celeste, consentiu em vos comunicar e vos dar a conhecer. Ide, e, sobretudo, que a semente esteja sempre pronta para ser lançada nos sulcos que ides cavar nessa terra, cujas rochas, em suas entranhas, não são suficientemente fortes para não se abrir sob o arado. Vossa pátria está destinada a se tornar grande e forte, não só pela literatura, pela ciência, pelo gênio e pelo número, mas ainda pelo seu amor e seu devotamento para com o Criador de todas as coisas. Que a vossa caridade se torne, pois, ampla e poderosa; não temais em distribuir, a duas mãos, ao vosso redor; aprendei que a caridade não se faz somente com a esmola, mas também com o coração!... O coração, eis a grande fonte do bem, a fonte dos eflúvios que devem se derramar e aquecer a vida daqueles que sofrem ao vosso redor!... Ide e pregai o Evangelho, novos apóstolos do Cristo; Deus vos colocou alto no mundo, a fim de que todos possam vos ver e que vossas palavras sejam bem ouvidas. Mas é sempre olhando o Céu e a Terra, quer dizer, Deus e a Humanidade, que chegareis ao grande objetivo que vos propusestes alcançar e para o qual nós ajudamos. O campo é vasto; ide, pois, e semeai, a fim de que logo possamos ir fazer a colheita.

"Podeis anunciar, por toda parte, que o grande reino logo vai chegar, reino de felicidade e de alegria para todos aqueles que quiseram crer e amar, porque dele participarão.

"Recebei, pois, antes da partida, o último conselho que vos damos sob este belo céu que todo mundo ama, sob o céu da França! Recebei o último adeus destes amigos que vos ajudarão ainda na rude senda que ides percorrer neste mundo; todavia, nossas mãos invisíveis vo-la tornarão mais fácil, e se souberdes nela colocar perseverança, vontade e coragem, vereis os obstáculos tombarem sob vossos passos.

"Quando se ouvir saírem de vossas bocas estas palavras: 'Todos os homens são irmãos e devem se apoiar, uns aos outros, para caminharem', quanta admiração e quantas exclamações! Sorrirão vendo-vos professar uma tal doutrina e dirão baixinho: Dizem belas coisas os grandes, mas não são senão mourões que indicam os caminhos sem percorrê-los?"

"Mostrai, mostrai-lhes, então, que o espírita, este novo apóstolo do Cristo, não está no meio do caminho para indicar a senda, mas se arma de seu machado e de seu facão e se lança no meio dos bosques mais sombrios e mais escuros para abrir o caminho e arrancar as sarças de sob os passos daqueles que seguem. Sim, os novos discípulos do Cristo devem ser vigorosos, devem caminhar sempre com o andar firme e a mão pesada. Nada de barreiras diante deles; todas devem cair sob seus esforços e seus golpes; as altas árvores, os cipós e as sarças se romperão para deixarem ver, enfim, um pouco do céu!

"Será, então, que lá estarão a consolação e a felicidade. Que recompensa para vós! Os Espíritos felizes vos exclamarão: "Bravo! Bravo!" Filhos, logo sereis dos nossos, e logo vos chamaremos nossos irmãos, porque a tarefa que vos impusestes voluntariamente, tendes sabido cumpri-la! Deus tem grandes recompensas para aquele que vem trabalhar em seu campo; dá a colheita a todos aqueles que contribuem para o grande trabalho!

"Ide, pois, em paz. Ide, nós vos bendizemos. Que esta bênção vos dê felicidade e vos encha de coragem; não esqueçais nenhum de vossos irmãos da grande sociedade da França; todos fazem votos por vós e por vossa pátria, que o Espiritismo tornará poderosa e forte; ide! Os bons Espíritos vos assistem!"

SANTO AGOSTINHO

Sociedade Espírita de Paris,
abril de 1862. – Médium, Sr. E. Vézy.

INSTRUÇÃO MORAL

Pelo Espírito *Lacordaire*

1862, março.

VENHO A VÓS, POBRES TRANSVIADOS SOBRE UMA TERra escorregadia, cuja inclinação repentina não espera mais que alguns passos para vos precipitar nos abismos. Como bom pai de família, venho vos estender mão caridosa para vos salvar do perigo. Meu maior desejo é conduzir-vos para o teto paterno e divino, a fim de vos fazer gozar, pelo amor de Deus e do trabalho, pela fé e caridade cristã, a paz, os prazeres e as doçuras do lar doméstico. Como vós, meus caros filhos, conheci as alegrias e os sofrimentos, sei tudo o que há de dúvidas em vossos Espíritos, e de combate em vossos corações. É para vos precaver contra vossos defeitos e mostrar-vos os escolhos contra os quais poderíeis vos chocar, que serei justo, mas severo.

Do alto das esferas celestes que percorro, meu olhar mergulha com felicidade nas vossas reuniões, e é com um vivo interesse que acompanho as vossas santas instruções. Mas, ao mesmo tempo em que a minha alma se alegra de um lado, de outro sente uma tristeza muito amarga, quando penetra os vossos corações e ali vê ainda tanto apego às coisas terrestres. Para a maioria, o santuário de nossas lições vos tem lugar de sala de espetáculo, e esperais sempre ver ali surgir, de nossa parte, alguns fatos maravilhosos. Não estamos encarregados de vos fazer milagres, mas temos a missão de lavrar os vossos corações, de abrir-lhes largos sulcos para neles lançar, a mancheias, a semente divina. Nós nos devotamos sem cessar a torná-la fecunda, porque sabemos que essas raízes devem atravessar a terra, de um polo ao outro, e cobrir-lhe toda a superfície. Os frutos que delas sairão serão tão belos, tão suaves e tão grandes, que subirão até os Céus.

Felizes os que souberem colhê-los para com eles se saciarem, porque os Espíritos bem-aventurados virão ao seu encontro, cingirão sua cabeça com a auréola dos eleitos, far-lhes-ão escalar os degraus do trono majestoso do Eterno e lhes dirão para tomarem parte na felicidade incomparável, nas satisfações e nos encantos sem fim das falanges celestes.

Infeliz daquele a quem houver sido dado ver a luz e ouvir a palavra de Deus, que tiver fechado os olhos e tapado os ouvidos, porque o Espírito das trevas o envolverá em suas asas lúgubres e o transportará para seu negro império a fim de o fazer expiar, durante séculos, por tormentos sem conta, sua desobediência ao Senhor. É o momento de aplicar a sentença de morte do profeta Oséias: *Coedam eos secundum auditionem coetus eorum* (Eu os farei morrer segundo tiverem ouvido). Que estas poucas palavras não sejam uma fumaça desaparecendo nos ares, mas que cativem a vossa atenção para que as mediteis e as reflitais seriamente. Apressai-vos em aproveitar alguns instantes que vos restam para consagrá-los a Deus; um dia, viremos vos pedir conta do que fizestes de nossos ensinamentos, e como tereis posto em prática a doutrina sagrada do Espiritismo.

A vós, pois, espíritas de Paris, que podeis muito pela vossa posição pessoal e pela vossa influência moral, a vós, digo, a glória e a honra de dar o exemplo sublime das virtudes cristãs. Não espereis que a infelicidade venha bater em vossa porta. Ide diante de vossos irmãos sofredores, dai ao pobre o óbolo da jornada, secai as lágrimas da viúva e do órfão, com doces e consoladoras palavras. Levantai a coragem abatida do velho, curvado sob o peso dos anos e sob o jugo dessas iniquidades, fazendo luzir em sua alma as asas douradas da esperança numa vida futura melhor. Prodigalizai, por toda parte, à vossa passagem, o amor e a consolação; elevando assim as vossas boas obras à altura de vossos pensamentos, merecereis dignamente o título glorioso e brilhante que vos concedem mentalmente os espíritas da província e do estrangeiro, cujos olhos estão fixados sobre vós, e que, tocados de admiração diante das ondas de luz que escapam de vossas assembleias, chamar-vos-ão o Sol da França.

Paris, grupo Faucheraud. – Médium, Sr. Planche.

O ANJO GUARDIÃO

Pelo Espírito *Ducis*

1862, setembro.

Pobres humanos, que sofrem neste mundo,
Consolai-vos, secai os vossos prantos.
Em vão sobre vós o raio estoura,
Junto a vós estão os vossos defensores.
Deus tão bom, esse Deus vosso pai,
A todos quis vos dar
Um pequeno anjo, um pequeno irmão,
Que sempre deve vos proteger.
Escutai nossa voz amiga.
Oh! Queremos vos ver felizes;
Depois das penas da vida,
Possais vos conduzir aos Céus!
Se pudésseis nos ver sorrir
Aos primeiros passos que dais, criança;

Se vossos olhares, mortais, em nossos olhos pudessem ler

Nossa dor, quando sois maus!

Mas escutai: queremos vos instruir,

De um doce segredo que vos convida ao bem,

Para vós também o dia deve luzir

Quando sereis anjo guardião.

Sim, quando depois de vossa prova última

O Senhor receberá vosso Espírito depurado,

E vos dirá para ir proteger sobre a Terra

Uma bela criancinha, que para vós terá nascido.

Amai-a bem, e que a vossa assistência,

Pobre pequeno, prove-lhe cada dia

De seu anjo guardião o maternal amor;

A vosso turno, guiai com constância

O Espírito de vosso irmão à celeste morada.

Sociedade Espírita Africana. –
Médium, senhorita O...

O DUELO

Pelo Espírito *Antoine*

1862, novembro.

1º *Considerações gerais.*

O HOMEM, OU ESPÍRITO ENCARNADO, PODE ESTAR sobre vossa Terra: em missão, em progresso, em punição.

Isto posto, é preciso que saibais, uma vez por todas, que o estado de missão, progresso ou punição deve, sob pena de recomeçar sua prova, chegar ao termo fixado pelos decretos da justiça suprema.

Avançar por si mesmo, ou por provocação, o instante fixado por Deus para a reentrada no mundo do Espíritos é, pois, um crime enorme; o duelo é um crime maior ainda; porque não só é um suicídio, mas, além disso, um assassinato raciocinado.

Com efeito, credes que o provocado e o provocador não suicidam-se moralmente expondo-se voluntariamente aos golpes mortais do adversário? Credes que ambos não são assassinos desde o momento em que procuram mutuamente se tirar a existência, escolhida por eles ou imposta por Deus, em expiação ou como prova?

Sim, eu te digo, meu amigo, duas vezes criminosos aos olhos de Deus são os duelistas; duas vezes terrível será a sua punição; porque nenhuma escusa será admitida já que tudo, para eles, é friamente calculado e premeditado.

Li em vosso coração, meu filho, porque também fostes um pobre desviado, e eis a minha resposta.

Para não sucumbir a essa terrível tentação, não vos são necessárias senão *humildade, sinceridade e caridade* para com o vosso irmão em Deus; somente não sucumbireis, ao contrário, pelo *orgulho* e pela *ostentação*!

2º *Consequências espirituais.*

Aquele que, por *humildade*, tiver, como o Cristo, suportado o último ultraje e perdoado de coração, por amor a Deus, terá, além das recompensas celestes da outra vida, a paz de coração nesta, e uma alegria imensa por haver respeitado duas vezes a obra de Deus.

Aquele que, por caridade para com seu próximo, tiver-lhe provado seu amor fraternal, terá, na outra vida, a proteção santa e o concurso todo-poderoso da gloriosa mãe do Cristo, porque Ela ama e bendiz aqueles que executam os mandamentos de Deus, aqueles que seguem e praticam os ensinamentos de Seu filho.

Aquele que, apesar de todos os ultrajes, tiver respeitado a sua existência e a de seu irmão encontrará, na sua entrada no mundo etéreo, milhões de legiões de bons e puros Espíritos que virão, *não honrá-lo por sua ação*, mas provar-lhe, pela sua solicitude em vir lhe facilitar seus primeiros passos na nova existência, que simpatia soube atrair e que fez verdadeiros amigos entre eles, seus irmãos. Todos juntos se elevarão para Deus em sinceras ações de graças por sua misericórdia, que permitiu ao seu irmão resistir à tentação.

Aquele, diz-se, que tiver resistido a essas tristes tentações pode esperar não a mudança dos decretos de Deus, os quais são imutáveis, mas contar com a benevolência sincera e afetuosa do Espírito de Verdade, o Filho de Deus, o qual saberá, de maneira incomparável, inundar sua alma com a felicidade de compreender *o Espírito de justiça perfeita e de bondade infinita* e, por consequência, salvaguardá-lo de toda nova armadilha semelhante.

Aqueles, ao contrário, que, provocados ou provocadores, tiverem sucumbido podem estar certos de que sentirão as maiores torturas morais pela presença contínua do cadáver de sua vítima e de seu próprio; serão torturados durante séculos, pelo remorso de ter desobedecido tão gravemente às vontades celestes, e serão perseguidos, até o dia da expiação, pelo *espectro horrível de duas odiosas visões de seus dois cadáveres ensanguentados.*

Felizes ainda se afastarem, eles mesmos, esses sofrimentos por um arrependimento sincero e profundo, abrindo-lhes os olhos da alma, porque então, pelo menos, entreverão um fim às suas penas, compreenderão Deus e Lhe pedirão a força de não mais provocar a sua justiça terrível.

3º *Consequências humanas.*

As palavras *dever, honra, coração* são frequentemente postas à frente pelos homens para justificar suas ações, seus crimes.

Compreendem eles sempre estas palavras? Não são o resumo das intenções do Cristo? Por que, pois, trocar-lhes o sentido? Por que, pois, retornar à barbárie?

Infelizmente, a generalidade dos homens está ainda sob a influência do *orgulho* e da *ostentação*; para se desculpar aos seus próprios olhos, eles fazem soar bem alto estas palavras *dever, honra e coração,* e não desconfiam que significam: *cumprimento dos mandamentos de Deus, sabedoria, caridade e amor.* Com estas palavras, no entanto, arruínam seus irmãos; com estas palavras, suicidam-se; com estas palavras, perdem-se.

Cegos que são! Creem ser fortes porque terão arrastado um infeliz mais fraco do que eles. Cegos são, quando creem que a aprovação de sua conduta, por cegos e maus como eles, dar-lhes-á a consideração humana! A própria sociedade na qual vivem reprova-os e logo os amaldiçoará, porque o reino da fraternidade chegou. À espera disso, são afastados pelos homens sábios, como animais bravios.

Examinemos algum caso e veremos se o raciocínio justifica sua interpretação das palavras *dever, honra* e *coração*.

Um homem tem o coração cheio de dor, e a alma cheia de amargura, porque surpreendeu as provas irrecusáveis da má conduta de sua mulher; provoca um dos sedutores dessa pobre e infeliz criatura. Essa provocação seria o resultado de seus deveres, de sua honestidade e de seu coração? Não; porque sua honra não lhe será devolvida, porque sua honra pessoal não foi e não pode ter sido atingida; isso será *apenas vingança*.

Melhor ainda; para provar que sua pretensa honra não está em jogo, é que muito frequentemente sua infelicidade é mesmo ignorada e assim ficaria, se não fosse propagada pelas mil vozes provocadas pelo escândalo ocasionado por sua *vingança*.

Enfim, se sua infelicidade era conhecida, seria lamentada sinceramente por todos os homens sensatos, dela resultando provas numerosas de verdadeira simpatia, e não haveria contra ele senão os ridentes de coração mau e endurecido, *mas desprezíveis.*

Em um e outro caso, sua honra não seria nem vingada nem retirada.

Só o orgulho é, portanto, o guia de quase todos os duelos, e não a honra.

Crede que, por uma palavra, a falsa interpretação de uma frase, o contato insensível e involuntário de um braço ao passar, ou por um *sim* ou um *não,* e até mesmo, algumas vezes, por um olhar que não lhe era dirigido, *seja o duelista levado por um sentimento de honra* a exigir uma pretensa reparação pelo assassinato e o suicídio? Oh! disso não duvideis, o orgulho e a *certeza de sua força* são seus únicos móveis, frequentemente ajudados pela ostentação; porque quer se exibir, dar prova de coragem, de saber e, algumas vezes, de generosidade: *Ostentação!!!*

Ostentação, eu o repito, porque seus conhecimentos em duelismo são os únicos verdadeiros; sua coragem e sua generosidade, *mentiras.*

Quereis colocar à prova real, esse espadachim corajoso? Colocai-o à frente de um rival, de uma reputação infernal acima de sua, e todavia talvez de um saber inferior ao seu, ele empalidecerá e fará tudo para evitar o combate; colocai-o à frente de um ser mais fraco do que ele, ignorante dessa ciência duplamente mortal, e vê-lo-eis impiedoso, altivo e arrogante, mesmo quando constrangido a ter piedade. Isto dá coragem.

A generosidade! Oh! Falemos dela. – É generoso o homem que, confiante em sua força, e, depois de ter provocado a fraqueza, concede-lhe a continuação de uma existência achincalhada e dada em ridículo? É generoso aquele que, para obtenção de uma coisa desejada e cobiçada, provoca seu fraco possuidor para obtê-la em seguida, como recompensa de sua *generosidade?* É generoso aquele que, usando de seus talentos criminosos, poupa a vida de seres fracos que injuriou? É generoso ainda, quando dá uma semelhante prova de generosidade ao marido ou ao irmão que indignamente ultrajou, e que expõe, então, pelo desespero, a um segundo suicídio?

Oh! Crede-me todos, meus amigos, o duelo é uma medonha e horrível invenção dos Espíritos maus e perversos, invenção digna do estado de barbárie, e que mais aflige nosso pai, o Deus tão bom.

Cabe-vos, espíritas, combater e destruir esse triste hábito, esse crime digno dos anjos das trevas; cabe-vos, espíritas, dar o nobre exemplo da renúncia a esse funesto mal; cabe-vos, espíritas sinceros, fazer compreender a sublimidade destas palavras: *dever, honra e coração,* e Deus falará por vossa voz; cabe-vos, enfim, a felicidade de semear, entre vossos irmãos, os grãos tão preciosos e tão ignorados por nós, durante a nossa existência sobre a Terra, do *Espiritismo.*

Teu pai, ANTOINE.

Nota. – Os duelos se tornam mais raros – na

França pelo menos –, e se deles são vistos ainda, de tempos em tempos, dolorosos exemplos, o seu número não é comparável ao que era outrora. Outrora o homem não saía de casa sem prever um encontro e, por consequência, tomava sempre suas precauções. Um sinal característico dos costumes do tempo e dos povos estava no uso do porte habitual, ostensivo ou oculto, de armas ofensivas e defensivas; a abolição desse uso testemunha o abrandamento dos costumes, e é curiosos seguir-lhe a gradação desde a época em que os cavaleiros não cavalgavam sem armadura e armados da lança, até o porte da simples espada, mais como um adorno e um acessório do brasão, do que uma arma agressiva. Um outro traço de costumes é que outrora os combates singulares ocorriam em plena rua, e ante a multidão que se afastava para deixar o campo livre, e hoje às escondidas; hoje a morte de um homem é um acontecimento que comove; outrora não se lhe dava atenção. O Espiritismo levará estes últimos vestígios da barbárie, inculcando nos homens o espírito de caridade e de fraternidade.

>   Bordeaux, 21 de novembro de 1861. –
>   *Médium, Sr. Guipon.*

O ESPIRITISMO FILOSÓFICO

Pelo Espírito *Bernardin*

1862, junho.

FALAMOS, MEUS AMIGOS, DO ESPIRITISMO SOB O PONto de vista religioso; agora que está bem estabelecido que *não é uma religião nova,* mas a consagração dessa religião *universal* da qual o Cristo colocou as bases, e que hoje vem levar ao coroamento, iremos encarar o Espiritismo sob o ponto de vista moral e filosófico.

De início, expliquemos sobre o sentido exato da palavra filosofia. A filosofia não é uma negação das leis estabelecidas pela Divindade, da religião. Longe disto, a filosofia é a procura do que é sábio, do que é o mais exatamente razoável; e o que é que pode ser mais sábio, mais razoável do que o amor e o reconhecimento que se deve ao seu Criador, e, consequentemente, o culto, qualquer que seja, que possa servir para provar-Lhe este reconhecimento e este amor? A religião, e tudo o que a ela pode levar é, pois, uma filosofia, porque é uma sabedoria do homem que a ela se submete com alegria e docilidade. Isto posto, vejamos o que podeis tirar do Espiritismo, colocado seriamente em prática.

Qual é o objetivo para o qual tendem todos os homens, em qualquer posição que se encontrem? A melhoria de sua posição presente; ora, para alcançar esse objetivo, correm para todos os lados, e se extraviam na maior parte, porque, cegos pelo orgulho, arrastados pela ambição, não veem o único caminho que pode conduzir a essa melhoria; procuram-na na satisfação de seu orgulho, de seus instintos brutais, de sua ambição, ao passo que só poderão encontrá-la no amor e na submissão devidos ao Criador.

O Espiritismo vem, pois, dizer aos homens: Deixai suas sendas tenebrosas, cheias de precipícios, cercadas de espinhos e sarças, e entrai no caminho que conduz à felicidade com que sonhais. Sede previdentes para serdes felizes; compreendei, meus amigos, que os bens da Terra são, para a maioria dos homens, armadilhas das quais deve se prevenir; são esses os perigos que devem evitar; foi por isso que o Senhor permitiu que se vos deixasse, enfim, ver a luz desse farol que deve vos conduzir ao porto. As dores e os males que suportais com impaciência e revolta são o ferro em brasa que o cirurgião aplica sobre a ferida escancarada, a fim de impedir a gangrena e perder todo o corpo. Vosso corpo, meus amigos, o que representa para o Espírito? Quanto deve salvá-lo? Quanto deve preservá-lo do contágio? Quanto deve cicatrizar, por todos os meios possíveis, senão a chaga que rói o Espírito, a enfermidade que o entrava e o impede de se lançar radioso para o seu Criador?

Voltai sempre vossos olhos sobre este pensamento filosófico, quer dizer, cheio de sabedoria: Somos uma essência criada pura, mas decaída; pertencemos a uma pátria onde tudo é pureza; culpados, fomos exilados por um tempo, mas só por um tempo; empreguemos, pois, toda a nossa força, toda a nossa energia para diminuir o tempo de exílio; esforcemo-nos, por todos os meios que o Senhor coloca à nossa disposição, para reconquistar essa pátria perdida e abreviar o tempo da ausência.

Compreendei bem que vossa sorte futura está em vossas mãos; que a duração de vossas provas depende inteiramente de vós; que o mártir tem sempre direito a uma palma da vitória, e que não se trata, para ser mártir, de ir, como os primeiros cristãos, servir de alimento aos animais ferozes. Sede mártires em vós mesmos; quebrai, sufocai em vós todos os instintos carnais que se revoltam contra o Espírito; estudai com cuidado vossas inclinações, vossos gostos, vossas ideias; desconfiai de tudo que vossa consciência reprova. Por mais baixo que ela vos fale, porque pôde ser repelida frequentemente, por mais baixo que vos fale, essa voz de vosso protetor vos dirá para evitardes o que pode vos prejudicar. Em todos os tempos, a voz de vosso anjo guardião vos tem falado, mas quantos foram surdos! Hoje, meus amigos, o Espiritismo vem vos explicar a causa dessa voz íntima; vem vos dizer positivamente, vem vos mostrar, vem vos fazer tocar com o dedo o que podeis esperar se a escutardes docilmente; o que deveis temer se a rejeitardes.

Eis, meus amigos, para o homem em geral, o lado filosófico: é o de vos ensinar a salvar a vós mesmos. Não procureis aí, meus filhos, como o fazem os ignorantes, distrações materiais, satisfações de curiosidade. Não vades, sob o menor pretexto, chamar a vós os Espíritos dos quais não tendes nenhuma necessidade; contentai-vos em vos entregar sempre aos cuidados e ao amor de vossos guias espirituais; eles jamais vos faltarão. Quando, reunidos com um objetivo comum, relativamente à melhoria de vossa Humanidade, elevai vosso coração ao Senhor, para lhe pedir suas bênçãos e a assistência dos bons Espíritos, aos quais vos confiou, examinai bem, ao redor de vós, se não há falsos irmãos, curiosos, incrédulos. Se os encontrardes, rogai-lhes com doçura, carinhosamente, que se retirem. Se resistirem, contentai-vos em pedir com fervor para que o Senhor os esclareça e, numa outra vez, não os admitais em vossos trabalhos. Não recebais, entre vós, senão os homens simples que querem buscar a verdade e o progresso. Quando estiverdes seguros de que vossos irmãos se acham reunidos em presença do Senhor, chamai os vossos guias espirituais e rogai-lhes as suas instruções; eles vo-la darão sempre em proporção às vossas necessidades, à vossa inteligência; mas não procureis satisfazer a curiosidade da maioria daqueles que pedem evocações. Quase sempre, dela saem menos convencidos e mais prontos a zombarem.

Que aqueles que queiram evocar seus parentes, seus amigos, não o façam jamais senão com um objetivo de utilidade e de caridade; é uma ação séria, muito séria, a de chamar a si os Espíritos que erram em redor de vós. Se nisso não puserdes a fé e o recolhimento necessários, os Espíritos maus se apresentarão em lugar daqueles que esperais, enganar-vos-ão e vos farão cair em erros profundos, e vos arrastarão, algumas vezes, para quedas terríveis!

Não esqueçais, pois, meus amigos, que o Espiritismo, sob o ponto de vista religioso, não é senão a confirmação do Cristianismo, porque o Cristianismo entra inteiramente nestas palavras: Amar o Senhor acima de todas as coisas, e ao próximo como a si mesmo.

Sob o ponto de vista filosófico, é a linha de conduta reta e sábia que vos deve conduzir à felicidade que todos ambicionais: a imortalidade da alma, para chegar a um outro ponto que ninguém pode negar: Deus!

Eis, meus amigos, o que tenho a vos dizer por hoje. Em breve, continuaremos nossas conversas íntimas.

Bordeaux, 4 de abril de 1862. –
Médium, senhora Collignon.

O ESPIRITISMO E O ESPÍRITO MALIGNO

Pelo Espírito *Hippolyte Fortoul*

1862, outubro.

DE TODOS OS TRABALHOS AOS QUAIS A HUMANIDADE se entrega, são preferíveis aqueles que aproximam mais a criatura de seu Criador, que a colocam a cada dia, a cada instante, no estado de admirar a obra divina que saiu e que sai incessantemente de Suas mãos onipotentes. O dever do homem é de se prosternar, de adorar sem cessar Aquele que lhe deu os meios de se melhorar como Espírito e de chegar, assim, à felicidade suprema, que é o objetivo final para o qual deve tender.

Se há profissões que, quase exclusivamente intelectuais, dão ao homem os meios de elevar o nível de sua inteligência, um perigo, e um grande perigo se acha colocado ao lado desse benefício. A história de todos os tempos prova o que é esse perigo e quantos males ele pode engendrar. Estais dotados de uma inteligência superior: sob este aspecto, estais mais próximos, do que vossos irmãos, da Divindade, e vos conduzis a negar essa própria divindade, ou dela fazer uma outra inteiramente contrária ao que é em realidade! Não seria demais repeti-lo, e jamais deixar de dizê-lo: o orgulho é o inimigo mais obstinado do gênero humano. Tivésseis mil bocas e todas deveriam dizer sem cessar a mesma coisa.

Deus vos criou a todos simples e ignorantes (1); tratai de avançar em passo tão seguro quanto possível; isto depende de vós: Deus não recusa jamais a graça àquele que a pede de boa-fé. Todos os estados podem igualmente vos conduzir a um objetivo desejado, se vos conduzis segundo a senda da justiça, e se não fizerdes dobrar vossa consciência à vontade de vossos caprichos. Há, no entanto, estados onde é mais difícil avançar do que em outros; também Deus terá em conta aqueles que, tendo aceitado, como prova, uma posição ambígua, tiverem percorrido sem tropeçar esse caminho difícil, ou pelo menos tiverem

---

(1) Esta proposição, tocando o estado primitivo das almas, formulada pela primeira vez em *O Livro dos Espíritos*, é por toda parte hoje repetida nas comunicações; ela encontra assim a sua consagração ao mesmo tempo nessa concordância e na lógica, porque nenhum outro princípio poderia melhor responder à justiça de Deus. Dando a todos os homens um mesmo ponto de partida, deu a todos a mesma tarefa a cumprir para chegar ao objetivo; ninguém é privilegiado pela Natureza; mas como têm seu livre-arbítrio, uns avançam mais depressa e outros mais lentamente. Esse princípio de justiça é inconciliável com a doutrina que admite a criação da alma ao mesmo tempo que o corpo; comporta em si mesmo a pluralidade das existências, porque, se a alma é anterior ao corpo, é que ela já viveu.

feito, para se levantar de novo, todos os esforços humanamente possíveis.

É aí que é preciso ter uma fé sincera, uma força pouco comum para resistir aos arrastamentos fora do caminho de justiça; mas é aí também que se pode fazer um bem imenso aos seus irmãos infelizes. Ah! Tem muito mérito aquele que toca o lamaçal sem que suas vestes, nem ele próprio, sejam enlameadas! É preciso que uma chama bem pura brilhe nele! Mas também, que recompensa não lhe está reservada à saída dessa vida terrestre! (2)

Que aqueles que se encontrem em posição semelhante meditem bem estas palavras; que se compenetrem bem do espírito que elas encerram, e se operará neles uma revolução benfazeja que fará as doces efusões do coração vencer os apertos do egoísmo.

O que transformará, como diz o Evangelho, esses homens em homens novos?

E, para cumprir esse grande milagre, o que é preciso? É preciso que queiram bem reportar seu

---

(2) Espanta-se que os Espíritos possam escolher uma encarnação num desses meios que se encontram em contato incessante com a corrupção; entre aqueles que se encontram nessas posições ínfimas da sociedade, uns as escolheram por gosto, e para achar como satisfazer seus pendores ignóbeis; outros, por missão e por dever, para tentar tirar seus irmãos da lama, e para terem mais méritos em lutar, eles mesmos, contra perniciosos arrastamentos, e sua recompensa será em razão da dificuldade vencida. Tal entre nós é o operário que é pago em proporção do perigo que ele corre no exercício de sua profissão.

pensamento àquilo que estão destinados a se tornar depois de sua morte. Estão todos convencidos de que um amanhã pode não existir para eles; mas, amendrontados pelo sombrio e desolador quadro das penas eternas, nas quais recusam crer por intuição, abandonam-se à corrente da vida atual; deixam-se arrastar por essa cupidez febril que os leva a amontoar sempre, por todos os meios permitidos ou não; arruínam sem piedade um pobre pai de família e prodigalizam ao vício somas que bastariam para fazer viver uma cidade inteira durante vários dias. Afastam os olhos do momento fatal. Ah! Se pudessem encarar-se firme e com sangue-frio, como mudariam depressa de conduta! Como os veríamos solícitos a devolver ao seu legítimo proprietário esse pedaço de pão negro que tiveram a crueldade de lhe arrancar para aumentar, ao preço de uma injustiça, uma fortuna construída de injustiças acumuladas! Para isto o que é preciso? É preciso que a luz espírita brilhe; é preciso que se possa dizer, como um grande general disse de uma grande nação: *O Espiritismo é como o Sol, cego quem não o vê!* Os homens que se dizem e que se creem cristãos, e que repelem o Espiritismo, são bem cegos!

Qual é a missão da Doutrina que a mão onipotente do Criador semeia no mundo no momento presente? É a de conduzir os incrédulos à fé, os desesperados à esperança, os egoístas à caridade. Eles se dizem cristãos e lançam o anátema à doutrina de Jesus Cristo! É verdade que pretendem seja o Espírito maligno que, para melhor disfarçar, vem pregar essa doutrina no mundo. Infelizes cegos! Pobres doentes! Que Deus queira bem, em sua inesgotável bondade, fazer cessar vossa cegueira e pôr um termo aos males que vos obsidiam!

Quem vos disse que era o Espírito do mal? Quem? Disso não sabeis nada. Pedistes a Deus para vos esclarecer sobre esse assunto? Não, ou se o fizestes, tínheis uma ideia preconcebida. O Espírito do mal! Sabeis quem vos disse que é o Espírito do mal? Foi o orgulho, o próprio Espírito do mal que vos leva a condenar – coisa revoltante! – o Espírito de Deus, representado pelos bons Espíritos que Ele envia ao mundo para regenerá-lo!

Examinai pelo menos a coisa e, seguindo as regras estabelecidas, condenai ou absolvei. Ah! se ao menos quisésseis somente lançar um golpe de olhar sobre os resultados inevitáveis que deve trazer o triunfo do Espiritismo; se quisésseis ver os homens se considerando enfim como irmãos, todos convencidos de que, de um momento para outro, Deus lhes pedirá conta da maneira pela qual cumpriram a missão que lhes havia dado; se quisésseis ver, por toda a parte, a caridade tomando o lugar do egoísmo, o trabalho tomando, por toda parte, o lugar da preguiça; – porque, vós o sabeis, o homem nasceu para o trabalho: Deus dele lhe fez uma obrigação à qual não pode se subtrair sem transgredir as ordens divinas; – se quisésseis ver de um lado esses infelizes que dizem: *Condenados neste mundo, condenados no outro, sejamos criminosos e gozemos*; e de outro esses homens endurecidos, esses açambarcadores da fortuna de todos, que dizem: *A alma é uma palavra; Deus não resta; se nada existe entre nós depois da morte, gozemos a vida; o mundo se compõe de exploradores e de explorados; gosto mais de fazer parte dos primeiros que dos segundos; depois de mim, o dilúvio!* Se transportásseis vossos olhares sobre esses dois homens que, em ambos, personificam o roubo, a extorsão da boa companhia e a que conduz à prisão; se os vísseis transformados pelas crenças na imortalidade que lhes deu o Espiritismo, ousaríeis dizer que foi pelo Espírito do mal?

Vejo vossos lábios se franzirem de desdém, e vos ouço dizer: Somos nós que pregamos a imortalidade, e temos crédito para isto. Ter-se-á sempre mais confiança em nós do que nesses sonhadores vazios que, se não são velhacos, sonharam que os mortos saíam de seus túmulos para se comunicarem com eles. A isto sempre a mesma resposta: Examinai e, se convencidos de boa-fé, o que não pode faltar se sois sinceros, em lugar de maldizer, bendireis, o que deve estar sempre mais em vossas atribuições, segundo a lei de Deus.

A lei de Deus! Dela sois, segundo vós, os únicos depositários, e vos espantais que outros tomem uma iniciativa que, segundo vós, não pertence senão unicamente a vós? Pois bem, escutai o que os Espíritos enviados de Deus se encontram encarregados de vos dizer:

"Vós que levais a sério vosso ministério, sereis benditos, porque tereis cumprido todas as obras, não só ordenadas, mas aconselhadas pelo divino Mestre. E vós que haveis considerado o sacerdócio como um meio de se elevar humanamente, vós não sereis malditos, embora tenhais amaldiçoados a outros, mas Deus vos reserva uma punição mais justa.

"Virá o dia em que sereis obrigados a vos explicardes publicamente sobre os fenômenos espíritas, e esse dia não está longe. Então vos encontrareis na necessidade de julgar, uma vez que vos erigistes em tribunal; de julgar quem? O próprio Deus, porque nada chega sem a Sua permissão.

"Vede onde vos conduziu o Espírito do mal, quer dizer, o orgulho! Em lugar de vos inclinar e de orar, vos endurecestes contra a vontade Daquele único que tem o direito de dizer: *Eu quero*. E dizeis que o demônio é quem diz: *Eu quero!*

"E agora, se persistirdes em não crer senão nas manifestações dos maus Espíritos, lembrai-vos das palavras do Mestre que era acusado de expulsar os demônios em nome de Belzebu: *Todo reino dividido contra si mesmo perecerá.*"

Grupo de Sainte-Gemme – Médium, Sr. C...

O PERDÃO

Pelo Espírito *Lamennais*

1862, agosto.

COMO SE PODE, POIS, ENCONTRAR EM SI A FORÇA DE perdoar? A sublimidade do perdão é a morte do Cristo sobre o Gólgota! Ora, eu já vos disse que o Cristo havia resumido em sua vida todas as angústias e todas as lutas humanas. Todos aqueles que mereceriam o nome de cristãos antes de Jesus Cristo morreram com o perdão nos lábios: os defensores das liberdades oprimidas, os mártires das verdades e das grandes causas compreenderam de tal modo a importância e a sublimidade de sua vida, que não faliram no último momento, e perdoaram. Se o perdão de Augusto não é completamente e historicamente sublime, o Augusto de Corneille, o grande trágico, é senhor de si como do Universo, porque perdoa. Ah! Quanto são mesquinhos e miseráveis aqueles que possuem o mundo e não perdoam! Quão grande é aquele que tem no futuro dos séculos todas as humanidades espirituais, e que perdoa! O perdão é uma inspiração, frequentemente um conselho dos Espíritos. Infelizes aqueles que fecham o coração a essa voz: serão punidos, como dizem as Escrituras, porque tinham ouvidos e não escutaram. Pois bem! Se quereis perdoar, se vos sentis fracos diante de vós mesmos, contemplai a morte do Cristo. Quem conhece a si mesmo triunfa facilmente de si mesmo. Eis porque o grande princípio da sabedoria antiga era, antes de tudo, conhecer-se a si mesmo. Antes de se lançar na luta, ensinavam-se aos atletas, para os jogos, para as lutas grandiosas, os meios seguros de vencer. Ao lado, nos liceus, Sócrates ensinava que havia um Ser supremo e, algum tempo depois, séculos antes de Cristo, ensinava a toda a nação grega a morrer e a perdoar. O homem vicioso, desprezível e fraco não perdoa; o homem habituado às lutas pessoais, às reflexões justas e sadias, perdoa facilmente.

Sociedade Espírita de Paris. –
Médium, Sr. A. Didier.

OS MÁRTIRES DO ESPIRITISMO

1862, abril.

A PROPÓSITO DA QUESTÃO DOS MILAGRES DO ESPIRItismo que nos tinha sido proposta, e que tratamos no nosso último número, igualmente se propõe esta: "Os mártires selaram com o seu sangue a verdade do Cristianismo; onde estão os mártires do Espiritismo?"

Estais, pois, muito instados a ver os espíritas colocados sobre a fogueira e lançados às feras! O que deve fazer supor que a boa vontade não vos faltaria se isso ocorresse ainda. Quereis, pois, a todo custo elevar o Espiritismo à situação de uma religião! Notai bem que jamais ele teve essa pretensão; jamais se colocou como rival do Cristianismo, do qual declara ser filho; que ele combate os seus mais cruéis inimigos: o ateísmo e o materialismo. Ainda uma vez, é uma filosofia repousando sobre as bases fundamentais de toda religião, e sobre a moral do Cristo; se renegasse o Cristianismo, ele se desmentiria, suicidar-se-ia. São esses inimigos que o mostram como uma nova seita, que lhe dá sacerdotes e grandes sacerdotes. Gritarão tanto, e tão frequentemente, que é uma religião, que as pessoas poderão acabar por nisto crer. É necessário ser uma religião para ter seus mártires? A ciência, as artes, o gênio, o trabalho, em todos os tempos, não tiveram seus mártires, assim como todas as ideias novas?

Não ajudam a fazer mártires aqueles que mostram os espíritas como condenados, párias de cujo contato é preciso fugir e que a população ignorante se amotina contra eles, e que chegam até *a lhes tirar os recursos de seu trabalho*, esperando vencê-los pela penúria, à falta de boas razões? Bela vitória, se triunfassem! Mas a semente está lançada, e ela germina por toda parte; se é cortada num canto, produz em cem outros. Tentai, pois, ceifá-las da terra inteira! Mas deixemos falarem os Espíritos que se encarregaram de responder à pergunta.

I

Pedistes milagres, hoje pedistes mártires! Os mártires do Espiritismo já existem: entrai no interior das casas e os vereis. Perguntai dos perseguidos: abri, pois, o coração desses fervorosos adeptos da ideia nova, que têm de lutar contra os preconceitos, com o mundo, frequentemente mesmo com a família!

Como seus corações sangram e se prejudicam quando seus braços se estendem para abraçar um pai, uma mãe, um irmão ou uma esposa, e que não recebe como retribuição de suas carícias e de seu transporte senão sarcasmos, sorrisos de desdém ou de desprezo. Os mártires do Espiritismo são aqueles que ouvem, a cada um de seus passos, estas palavras insultantes: *louco, insensato, visionário*!... e terão por muito tempo que suportar essas afrontas da incredulidade, e outros sofrimentos mais amargos ainda; mas a recompensa será bela para eles, porque, se o Cristo fez preparar para os mártires do Cristianismo um lugar soberbo, o que prepara para os mártires do Espiritismo é mais brilhante ainda. Mártires do Cristianismo em sua infância, caminhavam para o suplício, fiéis e resignados, porque não contavam sofrer senão os dias, as horas ou o segundo do martírio, aspirando depois à morte como a única barreira a vencer para viver a vida celeste. Mártires do Espiritismo, não devem nem procurar, nem desejar a morte; devem sofrer tanto tempo quanto praza a Deus deixá-los sobre a Terra, e não ousarem se crerem dignos dos puros gozos celestes logo deixando a vida. Oram e esperam, murmuram palavras de paz, de amor e de perdão por aqueles que os torturam, aguardando novas encarnações em que possam resgatar as suas faltas passadas.

O Espiritismo se elevará como um templo soberbo; os degraus, de início, serão rudes ao subir, mas, transpostos os primeiros, os bons Espíritos ajudarão a galgar os outros, até o lugar plano e reto que conduz a Deus. Ide, ide, filhos, pregar o Espiritismo! Pedem mártires: vós sois os primeiros que o Senhor marcou, porque sois apontados a dedo, tratados como loucos e insensatos, por causa da verdade! Mas eu vo-lo digo, a hora da luz virá em breve e, então, não mais haverá perseguidores nem perseguidos, e sereis todos irmãos e o mesmo banquete reunirá opressores e oprimidos!

SANTO AGOSTINHO.
(Médium, Sr. E. Vézy.)

II

O progresso do tempo trocou as torturas físicas pelo martírio da concepção e do parto cerebral das ideias que, filhas do passado, serão as mães do futuro. Quando o Cristo veio destruir o costume bárbaro dos sacrifícios, quando veio proclamar a igualdade e a fraternidade entre a túnica proletária com a toga patrícia, os altares, vermelhos ainda, fumegavam o sangue das vítimas imoladas; os escravos tremiam diante dos caprichos do senhor, e os povos, ignorando a sua grandeza, esqueciam a justiça de Deus. Nesse estado de rebaixamento moral, as palavras do Cristo teriam ficado impotentes e desprezadas pela multidão se não tivessem sido gritadas pelas suas chagas e tornadas sensíveis pela carne palpitante dos mártires; para ser cumprida, a misteriosa lei dos semelhantes exigia que o sangue derramado pela ideia resgatasse o sangue derramado pela brutalidade.

Hoje, os homens pacíficos ignoram as torturas físicas; só seu ser intelectual sofre, porque se debate, comprimido pelas tradições do passado, enquanto aspira a horizontes novos. Quem poderá descrever as angústias da geração presente, suas dúvidas pungentes, suas incertezas, seus ardores impotentes e sua extrema lassidão? Inquietantes pressentimentos de mundos superiores, dores ignoradas pela materialidade antiquada, que somente sofria quando não gozava; dores que são a tortura moderna, e que tornarão mártires aqueles que, inspirados pela revelação espírita, crerão e não serão acreditados, falarão e serão censurados, caminharão e serão repelidos. Não vos desencorajeis; vossos próprios inimigos vos preparam uma recompensa, tanto mais bela quanto mais espinhos houverem semeado em vosso caminho.

LÁZARO
(Médium, Sr. Costel.)

III

Em todos os tempos, como dissestes, as crenças tiveram mártires; mas também, é preciso dizê-lo, o fanatismo estava, frequentemente, dos dois lados, e então, quase sempre, o sangue corria. Hoje, graças aos moderadores das paixões, aos filósofos, ou antes, graças a essa filosofia que começou com os escritores do século dezoito, o fanatismo extinguiu a sua chama e colocou sua espada na bainha. Não se imagina mais, em nossa época, a cimitarra de Maomé, o cadafalso e a roda da Idade Média, suas fogueiras e suas torturas de todas as espécies, assim como não se imaginam os feiticeiros e os magos. Outros tempos, outros costumes, diz um provérbio muito sábio. A palavra costume está aqui muito ampla, como o vedes, e significa, segundo a sua etimologia latina, hábitos, maneiras de viver. Ora, no nosso século, nossa maneira de ser não é de se revestir com um cilício, de ir nas catacumbas, nem de subtrair suas preces aos procônsules e aos magistrados da cidade de Paris. O Espiritismo não verá, pois, o machado se levantar e a chama das fogueiras devorar os seus adeptos. Será batido a golpes de ideias, a golpes de livros, a golpes de comentários, a golpes de ecletismo e a golpes de teologia, mas a noite São Bartolomeu não se repetirá. Certamente, poderá haver deles algumas vítimas nas nações atrasadas, mas nos centros civilizados só a ideia será combatida e ridicularizada. Assim, pois, nada de machados, de feixes, de azeite fervente, mas ficai em guarda com o espírito voltaireano mal-entendido: eis o carrasco. É preciso preveni-lo, aquele, mas não temê-lo; ele ri em lugar de ameaçar; lança o ridículo em lugar da blasfêmia, e seus suplícios são as torturas do Espírito sucumbindo sob a tirania do sarcasmo moderno. Mas sem ofender aos pequenos

Voltaires de nossa época, a juventude compreenderá facilmente as três palavras mágicas: Liberdade, Igualdade, Fraternidade. Quanto aos sectários, estes são mais para temer, porque são sempre os mesmos, apesar de tudo; podem fazer o mal algumas vezes, mas são contraditórios, falsos, velhos e insolentes; ora, vós que passais na fonte de juventude, e cuja alma reverdece e rejuvenesce, não os temais, pois, porque o fanatismo os perderá a si mesmos.

LAMENNAIS
(Médium, Sr. A Didier).

UMA TELHA

1862, julho.

UM HOMEM PASSA NA RUA, UMA TELHA CAI AOS SEUS pés, e ele diz: "Que sorte! Um passo a mais e estaria morto." É geralmente o único agradecimento que dirige a Deus. Todavia, esse mesmo homem, pouco tempo depois, adoece e morre em seu leito. Por que, pois, foi preservado da telha para morrer alguns dias depois como todo mundo? É o acaso, dirá o incrédulo, como ele mesmo disse: "Que sorte!" De que, pois, serviu-lhe escapar ao primeiro acidente, uma vez que sucumbiu no segundo? Em todo o caso, se a sorte o favoreceu, seu favor não foi de longa duração.

A esta questão o espírita responde: A cada instante, escapais de acidentes que vos colocam, como se diz, a dois dedos da morte; não vedes nisso, pois, uma advertência do Céu para vos provar que a vossa vida prende-se a um fio, que não estais seguros jamais hoje de viver amanhã e que, assim, deveis sempre estar prontos para partir. Mas que fazeis quando deveis empreender uma longa viagem? Fazeis vossas disposições, arranjais vossos negócios, muni-vos de provisões e das coisas necessárias para o caminho; desembaraçai-vos de tudo o que poderia vos dificultar e retardar vossa marcha; se conheceis o país aonde ides, e se ali tendes amigos e conhecidos, partis sem medo, certo de ali ser bem recebido; em caso contrário, estudais o mapa da região e vos proporcionais cartas de recomendação. Suponde que sereis obrigado a empreender essa viagem no dia de amanhã e, assim, não tereis o tempo de fazer vossos preparativos, ao passo que, se estais prevenidos muito tempo antes, tereis tudo disposto para vosso conforto e para vosso agrado.

Pois bem! Todos os dias estais expostos a empreender a maior, a mais importante das viagens, a que deveis fazer inevitavelmente, e, no entanto, nela não pensais mais do que se devêsseis ficar perpetuamente sobre a Terra. Deus, em Sua bondade, tem, no entanto, cuidado em vos advertir, pelos numerosos acidentes aos quais escapais, e não tendes para Ele senão esta palavra: Que sorte!

Espíritas! Sabeis quais são os preparativos que deveis fazer para essa grande viagem que tem para vós consequências muito mais importantes que todas aquelas que empreendeis neste mundo? Porque, da maneira pela qual se cumprirá, depende vossa felicidade futura. O mapa que deve vos fazer conhecer o país aonde ides entrar é a iniciação nos mistérios da vida futura; por ela, esse país não será mais novo para vós; vossas provisões são as boas ações que tiverdes realizado e que vos servirão de passaporte e de cartas de recomendação.

Quanto aos amigos que lá encontrareis, vós os conheceis. Do que deveis vos desembaraçar são os maus sentimentos, porque infeliz é aquele a quem a morte surpreende com ódio no coração; seria como uma pessoa que caísse na água com uma pedra no pescoço, que o arrastaria para o abismo; os negócios que deveis colocar em ordem são o perdão a conceder àqueles que vos ofenderam, e são os erros que pudestes cometer contra o vosso próximo e que é preciso vos apressar em reparar, a fim de obter deles, vós mesmos, o perdão, porque os erros são as dívidas das quais o perdão é a quitação. Apressai-vos, pois, porque a hora da partida pode soar de um momento para outro e não vos dar o tempo para a reflexão.

Eu vos digo em verdade, a telha que cai aos vossos pés é o sinal que vos adverte para estardes sempre pronto a partir ao primeiro chamado, a fim de que não sejais tomados de surpresa.

O ESPÍRITO DE VERDADE

Sociedade Espírita de Paris. –
Médium, senhora C.

A LEI DO PROGRESSO

1863, janeiro.

Nota. – Esta comunicação foi obtida na sessão geral presidida pelo Sr. Allan Kardec.

Parece, considerando-se a Humanidade em seu estado primitivo e em seu estado atual, quando a sua primeira aparição sobre a Terra marcou um ponto de partida, e agora que ela percorreu uma parte do caminho que conduz à perfeição, parece, digo eu, que todo bem, todo progresso, toda filosofia, enfim, não possa nascer senão do que lhe é contrário.

Com efeito, toda formação é o produto de uma reação, do mesmo modo que todo efeito é engendrado por sua causa. Todos os fenômenos morais, todas as formações inteligentes, são devidos a uma perturbação momentânea da própria inteligência. Somente, na inteligência, devem-se considerar dois princípios: a um imutável, essencialmente bom, eterno como tudo o que é infinito; o outro, temporário, momentâneo, e que não é senão o agente empregado para produzir a reação de onde sai, cada vez, o progresso dos homens.

O progresso abarca o Universo durante a eternidade, e jamais é tão conhecido do que quando se concentra em um ponto qualquer. Não podeis ver, com um só olhar, a imensidade que vive, isto é, que progride; mas olhai ao vosso redor: que vedes aí?

Em certas épocas, pode-se dizer, em momentos previstos, designados, surge um homem que abre um caminho novo, que corta a prumo os rochedos áridos dos quais está sempre semeado o mundo conhecido da inteligência. Frequentemente, esse homem é o último entre os humildes, entre os pequenos, e, no entanto, ele penetra nas altas esferas do desconhecido. Arma-se de coragem, porque para isso lhe é necessário lutar corpo a corpo com os preconceitos, com os usos que lhe foram transmitidos; para isso lhe é preciso vencer os obstáculos que a má-fé semeia sob seus passos, porque enquanto restarem preconceitos a derrubar, restarão abusos e interesses nos abusos; para isso lhe é preciso, porque deve lutar ao mesmo tempo com as necessidades materiais de sua personalidade, e sua vitória, nesse caso, é a melhor prova de sua missão e de sua predestinação.

Chegado a esse ponto em que a luz se escapa bastante forte do círculo do qual é o centro, todos os olhares caem sobre ele; assimila-se todo princípio inteligente e bom; ele reforma e regenera o princípio contrário, apesar dos preconceitos, apesar da má-fé, e apesar das necessidades, ele chega ao seu objetivo, faz a Humanidade transpor um degrau, faz conhecer o que não era conhecido.

Esse fato já se repetiu muitas vezes, e se repetirá muitas outras vezes ainda antes que a Terra tenha adquirido o grau de perfeição que convém à sua natureza. Mas tantas vezes quantas sejam necessárias, Deus fornecerá a semente e o lavrador. Esse lavrador é cada homem em particular, como cada um dos gênios que a ilustram por uma ciência, frequentemente sobre-humana. Em todos os tempos houve esses centros de luz, esses pontos de união, e o dever de todos é de se aproximar, de ajudar e de proteger os apóstolos da verdade. É o que o Espiritismo vem dizer ainda.

Apressai-vos, pois, vós todos que sois irmãos pela caridade; apressai-vos e a felicidade prometida à perfeição vos será bem mais cedo concedida.

ESPÍRITO PROTETOR

Lyon, 17 de setembro de 1862. –
Médium, Sr. Emile V...

BEM-AVENTURADOS OS QUE TÊM OS OLHOS FECHADOS

Pelo Espírito *Vianney, cura d'Ars*

1863, julho.

NOTA. ESTA COMUNICAÇÃO FOI DADA A PROPÓSITO DE uma senhora cega, que assistia à sessão.

Meus bons amigos, não venho frequentemente entre vós, mas hoje eis-me aqui; disso agradeço a Deus e aos bons Espíritos que vêm vos ajudar a caminhar no novo caminho. Chamastes-me por quê? É para me fazer impor as mãos sobre a pobre sofredora que está aqui e curá-la? E que sofrimento, bom Deus! Ela perdeu a vista, e as trevas se fizeram para ela!... Pobre criança! Que ore e espere! Não sei fazer milagres, eu, sem a vontade do bom Deus; todas as curas que pude obter e que vos foram assinaladas, não as atribuais senão Àquele que é nosso Pai em tudo. Em vossas aflições, portanto, olhai sempre o céu e dizei, do fundo do vosso coração: "Meu Pai, curai-me, mas fazei que minha alma doente seja curada antes das enfermidades de meu corpo; que minha carne seja castigada, se preciso for, para que minha alma se eleve até Vós com a brancura que tinha quando a criastes." Depois desta prece, meus bons amigos, que o bom Deus ouvirá sempre, a força e a coragem vos serão dadas e, talvez, também essa cura, que não tereis pedido senão timidamente como recompensa da vossa abnegação carnal.

Mas, uma vez que estou aqui, numa assembleia onde se trata, antes de tudo, de estudos, eu vos direi que aqueles que estão privados da vista deveriam se considerar como os bem-aventurados da expiação. Lembrai-vos de que o Cristo disse que seria preciso arrancar vosso olho, se ele fosse mau, e que valeria mais que ele fosse lançado ao fogo do que ser causa de vossa perdição. Ah! Quantos há sobre a vossa Terra que maldirão um dia nas trevas terem visto a luz! Oh! Sim, são felizes estes que, na expiação, são atingidos na vista! Os olhos não lhe serão motivo de escândalo e de queda; podem viver inteiramente a vida das almas, podem ver mais do que vós que vedes claro... quando Deus me permite ir abrir a pálpebra de alguns desses pobres sofredores e devolver-lhes a luz, digo a mim mesmo: "Alma querida, por que não conheces todas as delícias do Espírito que vive de contemplação e de amor? Tu não pedirias para ver imagens menos puras e menos suaves do que aquelas que te é dado entrever na cegueira".

Oh! Sim, bem-aventurado o cego que quer viver

com Deus! Mais feliz do que vós, que estais aqui, ele sente a felicidade, toca-a, vê as almas e pode se lançar com elas nas esferas espirituais que os próprios predestinados de vossa Terra não veem.

O olho aberto está sempre pronto para fazer a alma falir; o olho fechado, ao contrário, está sempre pronto para fazê-la alçar para Deus. Crede-me bem, meus bons e caros amigos, a cegueira dos olhos, frequentemente, é a verdadeira luz do coração, enquanto que a vista, frequentemente, é o anjo tenebroso que conduz à morte.

E, agora, algumas palavras para ti, minha pobre sofredora; espera e tem coragem! Se te dissesse: "Minha filha, teus olhos vão se abrir," como serias ditosa! E quem sabe se essa alegria não te perderia? Tem confiança no bom Deus que fez a felicidade e permite a tristeza. Farei por ti tudo o que me for permitido; mas, a teu turno, ora e, sobretudo, medita em tudo o que acabo de te dizer.

Antes que me afaste, vós que estais aqui, recebei a minha bênção, meus bons amigos, eu a dou a todos, aos loucos, aos sábios, aos crentes e aos infiéis desta assembleia, e que ela sirva a cada um de vós!

Nota. – Perguntamos se esta é a linguagem do demônio, e se ofendemos o cura d'Ars atribuindo-lhe tais pensamentos. Uma jovem do campo, sem instrução, sonâmbula natural, vendo muito bem os Espíritos, veio à sessão em estado de sonambulismo. Não conhecia o cura d'Ars, mesmo de nome, e no entanto viu-o ao lado do médium e dele fez um retrato perfeitamente exato.

Sociedade Espírita de Paris,
19 de junho de 1863. – Médium, Sr. Vézy.

CONHECER-SE A SI MESMO

Pelo Espírito *La Fontaine*

1863, junho.

O QUE SE OPÕE, FREQUENTEMENTE, A QUE VOS CORRIjais de um defeito, de um vício, seguramente, é porque não vos apercebeis mesmo que o tendes. Ao passo que vedes os menores defeitos de vosso vizinho, de vosso irmão, não desconfiais mesmo que tendes os mesmos defeitos, talvez cem vezes maiores do que os deles. Isto não é senão uma consequência do orgulho que vos leva, como a todos os seres imperfeitos, a não encontrar nada de bom senão em vós. Deveríeis vos considerar um pouco como se não fosse vós mesmos. Figurai-vos, por exemplo, que o que fizestes ao vosso irmão foi o vosso irmão que vos fez; colocai-vos em seu lugar, que faríeis? Respondei sem dissimulação, porque creio que quereis a verdade. Fazendo isto, estou seguro de que encontrareis, frequentemente, os vossos defeitos que não havíeis percebido antes. Sede francos convosco mesmos; tomai conhecimento do vosso caráter, mas não o estragueis, porque as crianças por demais mimadas tornam-se, frequentemente, muito más, e aqueles que as mimaram demasiadamente são os primeiros a lhes sentir o efeito. Tomai um pouco o alforje onde estão colocados os vossos defeitos e os de outrem; colocai o vosso adiante e os de outrem para trás, e olhai bem se isso não vos faz baixar a cabeça, quando tiverdes essa carga à frente.

Sociedade Espírita de Sens,
9 de março de 1863.

MAX, O MENDIGO

1863, julho.

Num vilarejo da Baviera, morreu, pelo ano de 1850, um velho quase centenário, conhecido pelo nome de Pai Max. Ninguém conhecia direito a sua origem, porque ele não tinha família. Por quase meio século, acabrunhado por enfermidades que o punham impossibilitado de ganhar a vida pelo trabalho, não tinha outros recursos senão a caridade pública, que dissimulava vendendo, nas fazendas e nos castelos, almanaques e pequenos objetos. Foi-lhe dada a alcunha de Conde Max, e as crianças somente o chamavam de Senhor Conde, do que ele sorria sem se melindrar. Por que esse título? Ninguém sabia dizê-lo; passara a ser hábito. Talvez fosse por causa de sua fisionomia e de suas maneiras, cuja distinção contrastava com seus andrajos. Vários anos depois de sua morte, ele apareceu em sonho à filha do proprietário de um dos castelos, onde recebia a hospitalidade na estrebaria, porque não tinha domicílio. Ele lhe disse: "Obrigado a vós por vos terdes lembrado do pobre Max em vossas preces, porque elas foram ouvidas pelo Senhor. Desejais saber quem sou, alma caridosa, que vos interessastes pelo infeliz mendigo; e vou satisfazer-vos; isto será para todos uma grande instrução".

Ele fez, então, o relato seguinte, aproximadamente nestes termos:

"Há um século e meio, mais ou menos, eu era um rico e poderoso senhor deste país, mas fútil, orgulhoso e enfatuado pela minha nobreza; a minha imensa fortuna nunca serviu senão aos meus prazeres, e a isso apenas ela bastava, porque eu era jogador, libertino, e passava minha vida nas orgias. Meus vassalos, que acreditava criados para o meu uso, como os animais da fazenda, eram pressionados e maltratados, para proverem as minhas prodigalidades. Permaneci surdo às suas queixas como às de todos os infelizes, e, segundo eu, eles deveriam se sentir muito honrados por servirem aos meus caprichos. Morri com uma idade pouco avançada, esgotado pelos excessos, mas sem que provasse nenhuma infelicidade verdadeira; ao contrário, tudo parecia sorrir-me, de modo que eu era, aos olhos de todos, um dos felizes do mundo; a minha posição valeu-me suntuosos funerais; os boêmios lamentavam em mim o faustoso senhor, mas nenhuma lágrima foi vertida sobre a minha tumba, nem uma prece do coração foi dirigida a Deus por mim, e a minha memória foi amaldiçoada por todos aqueles dos quais aumentara a miséria. Ah! Quanto é terrível a maldição daqueles a quem tornamos infelizes! Ela não cessou de retinir nos meus ouvidos durante longos anos, que me pareceram uma eternidade! E, na morte de cada uma de minhas vítimas, era um novo rosto ameaçador ou irônico que se erguia diante de mim e me perseguia sem descanso, sem que pudesse encontrar um canto escuro para subtrair-me à sua visão. Nem um olhar amigo! Meus antigos companheiros de deboche, infelizes como eu, fugiam de mim e pareciam dizer-me com desdém: "Não podes mais pagar os nossos prazeres." Oh! Quanto teria pago muito caro um instante de repouso, um copo de água para estancar a sede ardente que me devorava! Mas não possuía mais nada, e todo o ouro que semeei, a mancheias, sobre a Terra não produzira uma única bênção! Nem uma só, entendeis, minha filha?

Por fim, oprimido pela fadiga, esgotado como um viajor esfalfado que não vê o fim de seu caminho, exclamei: "Meu Deus, tende piedade de mim! Quando, pois, terminará esta horrível situação?" Então, uma voz, a primeira que eu ouvia desde que deixara a Terra, disse-me: "Quando tu quiseres." "Que é necessário fazer, grande Deus? – perguntei eu – Dizei e me submeterei a tudo." E a voz respondeu-me: "É necessário o arrependimento, humilhar-se diante daqueles que humilhaste. Pedir-lhes para que intercedam por ti, porque a prece do ofendido que perdoa é sempre agradável ao Senhor." Humilhei-me, pedi aos meus vassalos, meus servidores que estavam diante de mim, e cujos rostos, agora benevolentes, acabaram por desaparecer. Isto foi, então, para mim, como uma nova vida; a esperança substituiu o desespero e agradeci a Deus com todas as forças de minha alma. A voz me disse em seguida: "Príncipe!", e eu respondi: "Não há aqui outro príncipe senão o Deus Todo-Poderoso que humilha os soberbos. Perdoai-me, Senhor, porque pequei; fazei de mim o servidor de meus servidores, se tal é a vossa vontade".

Alguns anos mais tarde, nasci de novo, mas desta vez numa família de pobres camponeses. Meus pais morreram quando eu era ainda criança, e permaneci só no mundo e sem apoio. Ganhei minha vida como pude, ora como operário, ora como empregado de fazenda, mas sempre honestamente, porque eu acreditava em Deus desta vez. Com a idade de quarenta anos, uma doença tornou-me enfermo de todos os meus membros, e me foi necessário mendigar, durante mais de cinquenta anos, sobre essas mesmas terras das quais fora o senhor absoluto; receber um pedaço de pão nas fazendas que possuí, onde, por uma amarga zombaria, alcunharam-me senhor conde, frequentemente muito feliz por encontrar um abrigo na estrebaria do castelo que fora o meu. No meu sonho, agradava-me percorrer este mesmo castelo onde fora déspota; quantas vezes, em meus sonhos, revi-me ali no meio de minha antiga fortuna! Essas visões me deixavam, ao despertar, um indefinível sentimento de amargura e de desgostos, mas nunca uma queixa escapou da minha boca, e quando aprouve a Deus chamar-me para Ele, eu o bendisse por ter me dado a coragem de suportar, sem murmúrio, essa longa e penosa prova da qual recebo, hoje, a recompensa; e vós, minha filha, eu vos bendigo por terdes orado por mim."

Nota. – Recomendamos este caso àqueles que pensam que os homens não teriam freios se não tivessem mais, diante deles, o espantalho das penas eternas, e perguntamos se a perspectiva de um castigo como aquele do Pai Max é menos eficaz para deter no caminho do mal do que aquela de torturas sem fim, nas quais não creem mais.

O ARREPENDIMENTO

Pelo Espírito *João, discípulo*

1863, julho.

O ARREPENDIMENTO SE ELEVA PARA DEUS; É-LHE mais agradável do que a fumaça dos sacrifícios e mais precioso do que o incenso espalhado nos adros sagrados. Semelhante às tempestades que agitam o ar, purificando-o, o arrependimento é um sofrimento fecundo, uma força reativa e atuante. Jesus santificou a sua virtude, e as lágrimas de Madalena se derramaram como um orvalho sobre os corações endurecidos, que ignoravam a graça do perdão. A soberana virtude proclamou o poder do arrependimento, que os séculos menosprezaram, enfraquecendo-o.

Chegou a hora em que o Espiritismo deve rejuvenescer e vivificar a própria essência do Cristianismo. Apagai, pois, em toda parte e sempre, a cruel sentença que despoja a alma culpada de toda esperança. O arrependimento é uma virtude militante, uma virtude viril, que só os Espíritos avançados ou os corações ternos podem sentir. O remorso momentâneo e pungente de uma falta não leva consigo a expiação que dá o conhecimento da justiça de Deus, justiça rigorosa em suas conclusões, que aplica a lei de talião à vida moral e física do homem e o castiga pela lógica dos fatos decorrentes do bom ou do mau uso de seu livre-arbítrio.

Amai aqueles que sofrem e assisti o arrependimento, que é a expressão e o sinal que Deus imprimiu em Sua criatura inteligente, para elevá-la e aproximá-la de Si.

Sociedade Espírita de Paris,
médium senhora Costel.

O DEVER

Pelo Espírito *Lázaro*

1863, dezembro.

O DEVER É A OBRIGAÇÃO MORAL, DIANTE DE SI MESMO primeiro, e dos outros em seguida. O dever é a lei da vida; Ele se encontra nos mais ínfimos detalhes, assim como nos atos elevados. Não quero falar aqui senão do dever moral, e não daquele que as profissões impõem.

Na ordem dos sentimentos, o dever é muito difícil de ser cumprido, porque se acha em antagonismo com as seduções do interesse e do coração; suas vitórias não têm testemunhos, e suas derrotas não têm repressão. O dever íntimo do homem está entregue ao seu livre-arbítrio; o aguilhão da consciência, esse guardião da probidade interior, o adverte e o sustenta, mas permanece, frequentemente, impotente diante dos sofismas da paixão. O dever do coração, fielmente observado, eleva o homem; mas esse dever, como precisá-lo? Onde começa ele? Onde se detém? *O dever começa precisamente no ponto em que ameaçais a feli-*

cidade ou a tranquilidade do vosso próximo; termina no limite que não gostaríeis de ver ultrapassado em relação a vós mesmos.

Deus criou todos os homens iguais para a dor; pequenos ou grandes, ignorantes ou esclarecidos, sofrem pelas mesmas causas a fim de que cada um julgue judiciosamente o mal que pode fazer. O mesmo critério não existe para o bem, infinitamente mais variado em suas expressões. *A igualdade diante da dor é uma sublime previdência de Deus, que quer que Seus filhos, instruídos pela experiência comum,* não cometam o mal argumentando com a ignorância *dos seus efeitos.*

O dever é o resumo prático de todas as especulações morais; é uma bravura da alma que afronta as angústias da luta; é austero e flexível; pronto a dobrar-se às diversas complicações, permanece inflexível diante de suas tentações. O homem que cumpre o seu dever ama a Deus mais que as criaturas, e as criaturas mais do que a si mesmo; ele é, ao mesmo tempo, juiz e escravo em sua própria causa. O dever é o mais belo laurel da razão; depende dela como o filho depende de sua mãe. O homem deve amar o dever, não porque o preserve dos males da vida, aos quais a Humanidade não pode se subtrair, mas porque dá à alma o vigor necessário ao seu desenvolvimento. O homem não pode afastar o cálice de suas provas. O dever é penoso em seus sacrifícios; o mal é amargo em seus resultados; mas essas dores, quase iguais, têm conclusões muito diferentes: uma é salutar como os venenos que restituem a saúde, a outra é nociva como os festins que arruinam o corpo.

O dever cresce e irradia sob mais elevada forma em cada uma das etapas superiores da Humanidade; a obrigação moral não cessa jamais, da criatura para com Deus; ela deve refletir as virtudes do Eterno, que não aceita um esboço imperfeito, porque quer que a beleza da Sua obra resplandeça diante Dele.

Sociedade Espírita de Paris,
20 de novembro de 1863. – Médium, Sr. Costel.

O LIVRE-ARBÍTRIO E A PRESCIÊNCIA DIVINA

1863, outubro.

HÁ UMA GRANDE LEI QUE DOMINA TODO O UNIVERSO – a lei do progresso. É em virtude dessa lei que o homem, criatura essencialmente imperfeita, deve, como tudo o que existe sobre nosso globo, percorrer todas as fases que o separam da perfeição. Sem dúvida, Deus sabe quanto tempo cada um levará para chegar ao objetivo; mas como todo progresso deve resultar de um esforço feito para cumpri-lo, não haveria nenhum mérito se o homem não tivesse a liberdade de tomar tal ou tal caminho. O verdadeiro mérito, com efeito, não pode resultar senão de um trabalho operado pelo Espírito para vencer uma resistência mais ou menos considerável.

Como cada um ignora o número de existências consagradas por ele para o seu adiantamento moral, ninguém pode prejulgar sobre essa grande questão, e é aí sobretudo que brilha de maneira admirável a infinita bondade de nosso Pai celeste, que, ao lado do livre-arbítrio que nos concedeu, semeou nosso caminho de mourões indicadores que nos aclaram os desvios. É, pois, por um resto de predominância da matéria que muitos homens se obstinam em permanecerem surdos às advertências que lhes chegam de todos os lados e preferem estragar, nos prazeres enganadores e efêmeros, uma vida que lhes fora concedida para o adiantamento de seu Espírito.

Não se poderia, pois, sem blasfemar, afirmar que Deus haja querido a infelicidade de Suas criaturas, uma vez que os infelizes expiam sempre, seja numa vida anterior mal empregada, seja por sua recusa em seguir o bom caminho, que então lhes estava claramente indicado.

Depende, pois, de cada um abreviar a prova que deve sofrer, e para isso, guias seguros bastante numerosos lhe são concedidos, para que seja inteiramente responsável por sua recusa de seguir seus conselhos; e ainda neste caso, existe um meio certo de abrandar uma punição merecida, dando sinais de um arrependimento sincero e recorrendo à prece, que jamais deixa de ser atendida quando é feita com fervor. O livre-arbítrio existe realmente no homem, mas com um guia: a consciência.

Todos vós que tendes acesso ao grande centro da nova ciência, não negligencieis de vos compenetrar das eloquentes verdades que ela vos revela, e dos admiráveis princípios que lhe são as consequências; segui-os fielmente, pois é aí que brilha sobretudo o vosso livre-arbítrio.

Pensai também nas fatais consequências que arrastareis para vós ao recusardes de seguir o bom caminho, bem como nas recompensas magníficas que vos esperam, no caso em que obedeçais às instruções dos bons Espíritos; é aí que brilhará, a seu turno, a presciência divina.

Os homens se esforçam em vão procurando a verdade por todos os meios que creem ter na ciência; esta verdade, que parece lhes escapar, acompanha-os sempre, e os cegos não a percebem!

Espíritos sábios de todos os países, aos quais é dado levantar um canto do véu, não negligencieis os meios que vos são oferecidos pela Providência! Provocai nossas manifestações, fazei aproveitá-las sobretudo vossos irmãos menos aquinhoados do que vós; inculcai em todos os preceitos que vos chegam do mundo espiritual e muito tereis merecido, porque tereis contribuído para uma grande parte no cumprimento dos desígnios da Providência.

ESPÍRITO FAMILIAR

Thionville, 5 de janeiro de 1863. –
Médium, Sr. doutor R...

OS CONFLITOS

Pelo Espírito *Erasto*

1863, dezembro.

HÁ, NO MOMENTO ATUAL, UMA RECRUDESCÊNCIA DA obsessão, resultado da luta que deve, inevitavelmente, sustentar as ideias novas contra seus adversários encarnados e desencarnados. A obsessão, habilmente explorada pelos inimigos do Espiritismo, é uma das provas mais perigosas que se terá que suportar antes de se assentar de maneira estável no espírito das populações; também deve ela ser combatida por todos os meios possíveis e, sobretudo, pela prudência e energia de vossos guias espirituais e terrestres.

De todas as partes, surgem médiuns com pretensas missões, chamados, dizem, a tomar nas mãos a bandeira do Espiritismo e a plantá-la sobre as ruínas do velho mundo, como se viéssemos destruir, nós que não viemos senão para edificar. Não há individualidade, por medíocre que seja, que não haja encontrado, como Macbeth, um Espírito para lhe dizer: "Tu também serás rei", e que não se creia designada a um apostolado todo particular; há poucas reuniões íntimas, e mesmo de grupos familiares, que não hajam contado, entre seus médiuns, ou seus simples crentes, uma alma bastante enfatuada de si mesma para se crer indispensável ao sucesso da grande causa, muito presunçosa para se contentar com modesto papel de obreiro trazendo sua pedra ao edifício. Ah! Meus amigos, quantas pessoas de zelo excessivo e inútil!

Quase todos os novos médiuns estão submetidos, em seu início, a essa tentação perigosa; alguns a resistem, mas muitos nela sucumbem, ao menos por um tempo, até que os fracassos sucessivos venham desenganá-los. Por que Deus permite uma prova tão difícil, a não ser para provar que o bem e o progresso jamais se estabelecem sem trabalho e sem combate, para dar o triunfo da verdade mais brilhante pelas dificuldades da luta? E que querem certos Espíritos da erraticidade fomentando, entre as mediocridades da encarnação, essa exaltação do amor-próprio e do orgulho, senão entravar o progresso? Sem o querer, somos instrumentos da prova que colocará em evidência os bons e os maus servidores de Deus. A este, tal Espírito promete o segredo da transmutação dos metais, como a um médium de R...; àquele, como ao Sr...., um Espírito revela pretensos acontecimentos que vão se cumprir, e fixa as épocas, precisa as datas, nomeia os atores que devem concorrer ao drama anunciado; a tal outro, um Espírito mistificador ensina a incubação dos diamantes; a outros são indicadas os tesouros ocultos, a glória, as honras, etc.; em uma palavra, todas as ambições e todas as cobiças dos homens são exploradas habilmente pelos Espíritos perversos. Eis por que, de todos os lados, vedes esses pobres obsidiados se prestarem a subir ao Capitólio com uma gravidade e uma importância que entristecem o observador imparcial. Qual é o resultado de todas essas promessas falaciosas? As decepções, os dissabores, o ridículo, por vezes a ruína, justa punição do orgulho presunçoso, que se crê chamado a fazer melhor que todo mundo, desdenhando os conselhos e desprezando os verdadeiros princípios do Espiritismo.

Tanto a modéstia é o apanágio dos médiuns escolhidos pelos bons Espíritos, quanto o orgulho, o amor-próprio e, dizemos, a mediocridade são os lados distintivos dos médiuns inspirados pelos Espíritos inferiores; tanto os primeiros dão pouco valor às comunicações que recebem quando estas se afastam da verdade, quanto os segundos mantêm contra todos a superioridade do que lhes é ditado, mesmo que fossem absurdo. Disso resulta que, segundo as palavras pronunciadas na Sociedade de Paris, pelo seu presidente espiritual, São Luís, uma verdadeira *Torre de Babel* está em vias de se edificar entre vós. De resto, seria necessário ser cego ou enganado para não reconhecer que, à cruzada dirigida contra o Espiritismo pelos adversários natos de toda doutrina progressiva e emancipadora, junta-se uma cruzada espiritual, dirigida por todos os Espíritos pseudossábios, falsos grandes homens, falsos religiosos e falsos irmãos da erraticidade, fazendo causa comum com os inimigos terrestres por meio dessa multidão de médiuns fanatizados por eles, e aos quais ditam tantas elocubrações mentirosas. Mas vede o que resta de todos esses amontoados, elevados pela ambição, o amor-próprio ou a inveja; quantos deles não tendes visto desabar e quantos deles vereis desabar ainda! Eu vo-lo digo, todo edifício que não está assentado sobre a única base sólida, a verdade, cairá, porque só a verdade pode desafiar o tempo e triunfar de todas as utopias. Espíritas sinceros, não vos assusteis, pois, com esse caos momentâneo; não está longe o tempo em que a verdade, desembaraçada dos véus com os quais se quer cobri-la, deles sairá mais radiosa do que nunca, e onde a sua claridade, inundando o mundo, fará reentrar na sombra seus obscuros detratores, num instante postos em evidência por sua própria confusão.

Assim, pois, meus amigos, tendes a vos defender não só dos ataques e das calúnias de vossos adversários vivos, mas também contra as manobras mais perigosas ainda de vossos adversários da erraticidade. Fortalecei-vos, pois, em sadios estudos e, sobretudo, pela prática do amor e da caridade, e retemperai-vos na prece. Deus ilumina sempre aqueles que se consagram à propagação da verdade, quando agem de boa-fé e desprovidos de toda ambição pessoal.

De resto, espíritas, que vos importam os médiuns

que, antes de tudo, são apenas instrumentos? O que vos é necessário considerar é o valor e a importância dos ensinos que vos são dados; é a pureza da moral que vos é ensinada; é a limpidez, a precisão das verdades que vos são reveladas; é, enfim, ver se as instruções que se vos dão respondem às legítimas aspirações das almas de escol, e se elas estão conformes às leis gerais e imutáveis da lógica e da harmonia universal.

Os Espíritos imperfeitos que desempenham um papel de apóstolos junto de seus obsidiados não têm, vós o sabeis, nenhum escrúpulo em se ornamentar dos nomes mais venerados; também seria um contrassenso se eu, que sou senão um dos últimos e dos mais obscuros discípulos do *Espírito de Verdade*, lamentasse-me do abuso que alguns fizeram de meu modesto nome; também, vos repetirei sem cessar o que disse ao meu médium há dois anos: "Não julgueis jamais uma comunicação medianímica em razão do nome pela qual está assinada, mas somente pelo seu valor intrínseco".

É urgente vos colocardes em guarda contra todas as publicações de origem suspeita que pareçam ou que possam parecer contrárias a todas aquelas que tiverem um estilo franco e limpo, e tende por certo que mais de uma foi elaborada nos campos inimigos do mundo visível ou do mundo invisível, tendo em vista lançar entre vós os pomos de discórdia. Cabe a vós não vos deixar apanhar; tendes todos os elementos necessários para apreciá-las. Mas tende igualmente por certo que todo Espírito que se anuncia a si mesmo como um ser superior e, sobretudo, como de uma infalibilidade a toda prova, não é senão o contrário do que anuncia tão pomposamente. Depois que o piedoso Espírito de François-Nicolas Madeleine consentiu em me desembaraçar de uma parte de meu fardo espiritual, pude considerar o conjunto da obra espírita e fazer a estatística moral dos obreiros que trabalham na vinha do Senhor. Ah! Se muitos Espíritos imperfeitos se imiscuem na obra que perseguimos, tenho um desgosto muito maior ao constatar que, entre nossos melhores auxiliares da Terra, muitos se dobraram sob o peso de sua tarefa e retomaram, pouco a pouco, o caminho de suas antigas fraquezas, de tal sorte que as grandes almas etéreas, que os aconselhavam, são desde logo substituídas por Espíritos menos puros e menos perfeitos. Ah! Sei que a virtude é difícil; mas não queremos nem pedimos o impossível. A boa vontade nos basta quando ela é acompanhada do desejo de fazer o melhor. Em tudo, meus amigos, o relaxamento é pernicioso; porque será muito pedido àqueles que, depois de se terem elevado por uma renúncia generosa à sua própria individualidade, retomarem o culto da matéria e se deixarem invadir pelo egoísmo e pelo amor a si mesmos. No entanto, oremos por eles e não condenemos ninguém; porque devemos sempre ter presente à memória este magnífico ensino do Cristo: "Que aquele que estiver sem pecado atire a primeira pedra!"

Hoje, vossas falanges aumentam a olhos vistos, e vossos partidários se contam por milhões. Ora, em razão do número dos adeptos, insinuam-se sob falsas máscaras os falsos irmãos, dos quais vosso presidente vos falou recentemente. Não é que venha vos recomendar de abrir vossas fileiras somente aos cordeiros sem mácula e às novilhas brancas; não, porque, mais do que todos os outros, os pecadores têm o direito de encontrar entre vós um refúgio contra suas próprias imperfeições. Mas aqueles dos quais vos convido a desconfiar são esses hipócritas perigosos aos quais, à primeira vista, se é tentado a conceder toda confiança. Com a ajuda de uma linha rígida, sob o olhar observador das multidões, conservam esse ar sério e digno que faz dizer deles: "Que pessoas respeitáveis!", ao passo que sob essa respeitável aparência, às vezes, dissimulam a perfídia e a imoralidade. São sociáveis, obsequiosos; intrometem-se nos interiores; remexem de bom grado na vida privada; escutam atrás das portas e se fazem surdos para melhor ouvir; pressentem as inimizades, instigam-nos e as alimentam; vão nos campos opostos questionando e interrogando sobre cada um. Que faz este? De que vive aquele? Quem é essa pessoa? Conheceis sua família? Vede-os em seguida irem surdamente destilar na sombra as pequenas maledicências que puderam recolher, tendo o cuidado de as envenenar por suaves calúnias. "Esses são os boatos, dizem, nos quais não se crê;" mas, no entanto, acrescentam: "Não há fumaça sem fogo, etc., etc."

A esses hipócritas da encarnação reuni os hipócritas da erraticidade, e vereis, meus caros amigos, quanto tenho razão em vos aconselhar a agir doravante com uma reserva extrema e a vos guardar de toda imprudência e de todo o entusiasmo irrefletido. Eu vos disse, estais num momento de crise, tornado mais difícil pela malevolência, mas do qual saireis mais fortes com a firmeza e a perseverança.

O número dos médiuns é hoje incalculável, e é deplorável ver que alguns se creem os únicos chamados para distribuir a verdade ao mundo e se extasiarem diante das banalidades que consideram como monumentos. Pobres enganados que se abaixam passando sob os arcos de triunfo, como se a verdade tivesse esperado sua vinda para ser anunciada! Nem o forte, nem o fraco, nem o instruído, nem o ignorante, tiveram esse privilégio exclusivo; é por mil vozes desconhecidas que a verdade se difunde, e é justamente por essa unanimidade que ela tem sabido se fazer reconhecer. Contai essas vozes, contai aqueles que as escutam, contai, sobretudo, aqueles que elas tocam o coração, se quiserdes saber de que lado está a verdade. Ah! Se todos os médiuns tivessem fé, eu seria o primeiro a me inclinar diante deles; mas não têm, na maior parte do tempo, senão fé em si mesmos, tanto o orgulho é grande sobre a Terra! Não, sua fé não é aquela que transporta montanhas e que faz caminhar sobre as águas! É o caso de repetir aqui esta máxima evangélica, que me serviu de tema quando me fiz ouvir no meu início entre vós: *muitos os chamados e poucos os escolhidos.*

Em suma, publicações à direita, publicações à esquerda, publicações por toda parte, pró ou contra o Espiritismo, em todos os sentidos, sob todas as formas; críticas exageradas da parte de pessoas que dele não sabem a primeira palavra; sermões arrebatados de pessoas que o repelem; em suma, digo, o Espiritismo está na ordem do dia; abala todos os cérebros, agita todas as consciências, privilégio exclusivo das grandes coisas; cada um pressente que ele traz em si o princípio de uma renovação que uns pedem em seus votos, e os outros temem. Mas, de tudo isto, que restará? Dessa torre de Babel, que jorrará? Uma coisa imensa: a vulgarização da ideia espírita, e como doutrina, o que será verdadeiramente doutrinário! Esse conflito é inevitável, porque o homem está maculado de muito orgulho e de egoísmo para aceitar, sem oposição, uma verdade nova qualquer; digo mesmo que esse conflito é necessário, porque é o choque de ideias que consome as ideias falsas e faz ressaltar a força daquelas que resistem. No meio dessa avalanche de mediocridades, de impossibilidades e de utopias irrealizáveis, a verdade esplêndida desabrochará em sua grandeza e em sua majestade.

Reunião particular, 25 de fevereiro de 1863. – Médium, Sr. d'Ambel.

PAZ AOS HOMENS DE BOA VONTADE

Pelo Espírito de um antigo magistrado

1863, fevereiro.

MEUS CAROS AMIGOS, A VIDA É CURTA; GRANDE É O que a precede, grande é o que a segue; nada é senão pela vontade de Deus; nada é, em consequência, senão legítimo e de alta justiça. Vossa miséria, quando vos oprime, é um mal merecido, uma punição, não duvideis disso, de vossas faltas anteriores. Encarai-a bravamente e levantai os olhos para o Alto com resignação: a bênção e o alívio descerão. Vossos desgostos, às vezes, são a prova pedida por vosso próprio Espírito, por vosso Espírito desejoso de chegar prontamente ao objetivo final, sempre entrevisto no estado de não encarnado.

No momento em que o mundo se agita e sofre, em que a sociedade, em busca do que é verdadeiro, contorce-se num parto laborioso, Deus permite que o Espiritismo, quer dizer, um raio da eterna verdade, desça das altas regiões e vos esclareça. Nosso objetivo é de vos mostrar o caminho, mas de vos deixar a vossa liberdade, quer dizer, o mérito e o demérito de vossas ações. Escutai-nos, pois, e estejais certos de que a vossa felicidade é para nós uma viva preocupação. Se soubésseis quanto vossas más ações nos afligem! O quanto vossos esforços para a lei de Deus nos enchem de alegria! O Senhor nos disse: "Servidores de meu império, apóstolos devotados de minha lei, levai a minha palavra a todos; explicai a todos que a vida eterna será daqueles que praticam o Evangelho; fazei todos os homens entenderem que o bem, o belo, o grande, degraus de minha eternidade, estão encerrados nesta palavra: *Amor*." O Senhor nos disse: "Espíritos velozes, correi a todos: aos infelizes e aos mais felizes; do rei ao artesão; do fariseu àquele que queima a fé ardente." E iremos por todos os lados, e gritaremos aos infelizes, resignação; aos felizes, caridade, humildade; aos reis, amor aos povos; ao artesão, respeito à lei!

Meus amigos, no dia em que fizerem mais do que nos escutar, quer dizer, no dia em que praticarem nossos preceitos, não mais egoísmo, não mais ciúme, não haverá mais misérias, mais desse luxo, que é o verme que corrói a sociedade e a abala; não mais desses erros morais que perturbam as consciências; não mais revoluções, não mais sangue! Não mais desse triste preconceito que fez crer por muito tempo, às famílias reais, que os povos eram sua propriedade e que tinham um outro sangue, nada mais que a felicidade! Vossos governos serão bons, porque o governante e o governado aproveitarão do Espiritismo. As ciências e as artes, levadas sobre as asas da divina caridade, se elevarão a uma altura que desconheceis; vosso clima, saneado pelos trabalhos agrícolas; vossas colheitas, tornadas mais abundantes; estas palavras tão profundas de igualdade e de fraternidade, enfim, interpretadas sem que *ninguém pense em despojar aquele que possui,* realizarão, afirmo-vos, as promessas de vosso Deus.

"Paz, disse o seu Cristo, aos homens de boa vontade!" Não tendes tido a paz, porque não tivestes a boa vontade. A boa vontade, tanto para com os pobres quanto para com os ricos, chama-se *caridade*. Há a caridade moral, como há a caridade material, e não as tivestes; e o pobre foi tão culpado quanto o rico!

Ouvi-me bem: Crede e amai! Amai: será sempre perdoado aquele que muito amou. Crede: a fé transporta montanhas. Prudência e doçura no apostolado novo: vossa melhor pregação será o bom exemplo. Lamentai os cegos: aqueles que não querem olhar a luz. Lamentai, mas não censureis! Orai, meus amigos, e a bênção de Deus estará com vossas almas. O facho da vida irradia; em todos os cantos do horizonte, acendem-se os faróis; a tempestade vai sacudir e, talvez, quebrar os barcos! Mas o barqueiro que, sobre a onda furiosa, olhar sempre o farol, abordará a praia, e o

Senhor lhe dirá: "Paz aos homens de boa vontade; sê bendito, tu que amaste; sê feliz, uma vez que trabalhaste para a felicidade do próximo. Meu filho, a cada um segundo as suas obras!"

F.D., antigo magistrado

Poitiers. Reunião preparatória de operários espíritas; médium, Sr. X...

AOS OBREIROS

Pelo Espírito *João, o Evangelista*

1864, abril.

VENHO A VÓS, MEUS AMIGOS, VÓS QUE SOIS OS EXPErimentados e os proletários do sofrimento; venho vos saudar, bravos e dignos obreiros, em nome da caridade e do amor. Sois os bem-amados de Jesus, de quem eu fui amigo; confortai-vos na crença espírita, como eu me confortei no seio do enviado divino. Obreiros, sois os eleitos no caminho doloroso da provação, onde caminhais com os pés sangrentos e o coração desencorajado. Irmãos, esperai! Toda dificuldade traz consigo o seu salário; toda jornada laboriosa tem a sua noite de repouso. Crede no futuro que será vossa recompensa, e não procureis o esquecimento, que é ímpio. O esquecimento, meus amigos, é a embriaguez egoísta e brutal; é a fome para os vossos filhos e as aflições para as vossas mulheres. O esquecimento é uma covardia. Que pensaríeis de um obreiro que, sob o pretexto de uma leve fadiga, abandonasse a oficina e interrompesse covardemente a jornada começada? Meus amigos, a vida é a jornada da eternidade; cumpri bravamente o vosso trabalho; não sonheis com o repouso impossível; não avanceis a hora do relógio do tempo; tudo vem a propósito: a recompensa à coragem e a bênção ao coração emocionado, que se confia à eterna justiça.

Sede espíritas: tornar-vos-eis fortes e pacientes, porque aprendereis que as provas são uma garantia segura de progresso, e que elas vos abrirão a entrada das moradas felizes, onde bendireis os sofrimentos que dela vos terão aberto o acesso.

A vós todos, obreiros e amigos, minhas bênçãos. Assisto às vossas assembleias, porque sois os bem-amados daquele que foi

João, o Evangelista

Sociedade Espírita de Paris, 17 de janeiro de 1864. - Médium, senhora Costel.

A CHAVE DO CÉU

Pelo Espírito *Lacordaire*

1865, agosto.

QUANDO SE CONSIDERA QUE TUDO VEM DE DEUS E a Ele retorna, é impossível não perceber, na generalidade das criações divinas, o laço que as une entre si e as sujeita a um trabalho de comum avanço, ao mesmo tempo que a um trabalho de progresso particular; como também não se pode desconhecer que a lei de solidariedade que disso resulta não nos obriga a sacrifícios gratuitos de todas as espécies, uns para com os outros. É de se notar, aliás, que Deus nos mostrou em tudo uma primeira aplicação, por Ele mesmo, dos princípios primordiais que estabeleceu. Assim, pela solidariedade, encontra-se esse princípio expresso na sensibilidade da qual fomos dotados, sensibilidade que nos leva a compartilhar os males de outrem, a tomá-los em piedade e aliviá-los.

Isto não é tudo; os profetas e o divino Messias Jesus nos deram o exemplo de uma segunda aplicação do princípio de solidariedade, primeiro em se consagrando por cerimônias simbólicas, e mais frequentemente pela autoridade de Seus ensinos, o amor do homem para com o homem; depois, em proclamando como um dever necessário e rigoroso a prática da caridade, que é a expressão da solidariedade. A caridade é o ato de nossa submissão à lei de Deus; é o sinal de nossa grandeza moral; é a chave do céu. Também é da caridade que quero vos falar. Não a considerarei senão sob um único lado: o lado material, e a razão disto é simples: é o lado que agrada menos ao homem.

Nem os cristãos, nem os espíritas, ninguém negou o princípio, ou melhor, a lei da solidariedade; mas procurou-se evadir-se de suas consequências, e para isso se evocaram mil pretextos. Deles citarei alguns.

As coisas do Espírito ou do coração, disseram, tendo um preço infinitamente superior ao das coisas materiais, segue-se que consolar a aflição, por boas palavras ou por sábios conselhos, vale também infinitamente mais do que consolá-la por socorros materiais. Seguramente, senhores, tendes razão se a aflição da qual falais tem uma causa moral, se encontrais sua razão numa ferida do coração; mas se é a fome, se é o frio, se é a doença, se, em uma palavra, foram as causas materiais que a provocaram, vossas doces palavras bastarão para dulcificá-las? Vossos bons conselhos, vossas sábias opiniões chegarão a curá-las? Permiti-me disto duvidar. Se Deus, em vos colocando sobre a Terra, tivesse se omitido em prover a alimentação de vosso corpo, disto teríeis encontrado o equivalente nos socorros espirituais que Ele vos concede? Mas Deus não é o homem, Deus é a sabedoria eterna e a bondade infinita; ele vos impôs um corpo de lama, mas proveu às necessidades desse corpo fertilizando vossos campos e fecundando os tesouros da terra; aos recursos espirituais que se dirigem à vossa alma, juntou os recursos materiais que vosso corpo reclamava. Desde então, e porque o egoísmo talvez tivesse despojado o pobre de sua parte na herança terrestre, de que direito vos creríeis quites para com Ele? Porque a justiça humana riscou-lhe o nome do número dos usufrutuários dos bens temporais, por que a vossa caridade não encontraria uma justiça mais equitativa a lhe dar?

Um ilustre pensador deste século não temeu assim se expressar em sua memorável profissão de fé: "Cada abelha tem direito à porção de mel necessária à sua subsistência, e se, entre os homens, há a quem falte desse necessário, é que a justiça e a caridade desapareceram do meio deles." Por mais excessiva que possa vos parecer esta linguagem, por isso não deixa de encerrar uma grande verdade, verdade inacessível talvez ao entendimento de muitos dentre vós, mas evidente para nós, Espíritos que, mais atingidos pelos efeitos, porque os abarcamos em seu conjunto, vemos também as causas que os produzem.

Ah! Disse aquele, ninguém mais do que eu geme

sob as penas e as privações cruéis do verdadeiro pobre, cujo trabalho, insuficiente para a manutenção de sua família, não lhe traz, em troca de suas fadigas, nem a alegria de nutrir os seus, nem a esperança de deixá-los felizes; mas eu consideraria um caso de consciência encorajar, por cegas liberalidades, a preguiça ou a má conduta. De resto, tenho a caridade como indispensável à salvação do homem; somente a impossibilidade de descobrir as necessidades reais, entre tantas necessidades simuladas, justificaria, isto me parece, minha abstenção.

A impossibilidade de descobrir as necessidades reais, tal é, meu amigo, vossa justificativa. Vede, no entanto, que essa justificativa não será jamais sancionada pela vossa consciência, e disto não quero dar outra prova senão a confissão que me fizestes; porque, do direito que teria o verdadeiro pobre à vossa esmola – e lhe reconheceis esse direito –, desse direito, digo eu, decorre para vós o dever de procurá-lo. Procurai-o? A impossibilidade vos detém. Mas como? A caridade não tem limites, ela é infinita, como Deus, do qual emana, e não admite nenhuma impossibilidade! Sim, alguma coisa vos detém: é o egoísmo, e Deus, que sonda os corações e os bolsos, o descobrirá facilmente sob os falaciosos pretextos com os quais o velais. Podeis enganar o mundo, chegareis também a enganar momentaneamente vossa consciência, mas jamais enganareis a Deus. Em cem anos, em mil anos, aparecereis de novo sobre a Terra; nela vivereis, sem dúvida, despojados de vossa opulência presente e curvados sob o peso da indigência. Pois bem! Eu vo-lo declaro que recebereis do rico o desdém e a indiferença que, vós mesmos, quando outrora ricos, tereis mostrado para o pobre. Nobreza obriga, diz-se; solidariedade obriga mais ainda. Quem se subtrai a esta lei dela perde todos os benefícios. É porque vós, que tereis guardado o fundo egoísta de vossa natureza, suportareis, a vosso turno, os desprezos do egoísmo.

Escutai estas afirmações de Rousseau:

"Para mim, disse ele, sei que todos os pobres são meus irmãos e que não posso, sem uma indesculpável dureza, recusar-lhes o fraco socorro que me pedem. A maioria é de vagabundos, nisto convenho; mas conheço muito as penas da vida para ignorar por quantas infelicidades o honesto homem pode se encontrar reduzido à sua sorte. E como poderia eu estar seguro de que o desconhecido que vem implorar, em nome de Deus, minha assistência, não é talvez esse honesto homem prestes a perecer de miséria e que minha recusa vai reduzir ao desespero? Quando a esmola que se lhes dá não fosse para eles um socorro real, é pelo menos um testemunho de que se é solidário em suas dificuldades, um abrandamento à dureza da recusa, uma espécie de saudação que se lhes dá."

É um filho de Genebra, senhores, que fala da sorte; é um filósofo saciado nas fontes secas do século dezoito que teme não reconhecer o honesto homem entre os desconhecidos que lhe estendem a mão e que dá a todos. Dar a todos porque todos são seus irmãos: ele o sabe! Disso sabeis menos do que ele, senhores? Não ouso crê-lo.

Mas em que medida deveis dar, ou antes, qual é em vossos bens a parte que vos pertence e a parte que pertence aos pobres? Vossa parte, senhores, é o necessário, nada senão o necessário, e ainda não seria preciso que o exagerásseis. Em vão vos prevalecereis de vossa posição, das obrigações que lhe são decorrentes, das obrigações de luxo que ela exige; tudo isto diz respeito ao mundo, e se quiserdes viver para o mundo, não avançareis senão com o mundo, não ireis mais longe do que o mundo. Em vão ainda alegareis, para justificar vossos hábitos de fraqueza, um trabalho ao qual não se entrega o pobre, e que, praticado em vossa casa e por vós, torna-vos beneficiários de um maior bem-estar; em vão alegareis isto, porque todo homem é consagrado ao trabalho, ou por ele, ou pelos outros, porque a incúria de seu vizinho não o absolveria do desamparo em que o tenha abandonado.

De vosso patrimônio, como de vosso trabalho, não vos é permitido retirar senão uma coisa em vosso proveito: o necessário, o resto cabe aos pobres. Eis a lei. Que essa lei comporte temperamentos, em certos casos e em circunstâncias dadas, não o nego, mas diante da luz, diante da verdade, diante da justiça divina, ela não o comporta.

E a família, o que será dela? Estamos quites com ela desde que tenhamos socorrido os denominados pobres? Não, evidentemente, senhores, porque, do momento em que reconheceis a necessidade de vos despojar para os pobres, trata-se de fazer uma escolha e estabelecer uma hierarquia. Ora, vossas mulheres e vossos filhos são vossos primeiros pobres; sobre eles, pois, deveis derramar a vossa primeira esmola. Velai pelo futuro de vossos filhos; sede cuidadosos em lhes preparar dias calmos e tranquilos no meio desse vale de lágrimas; deixai-lhes mesmo em depósito uma leve herança que lhes permita continuar o bem que tiverdes começado: isto é legítimo. Mas jamais lhes ensineis a viver egoisticamente, e a olhar como seu o que é de todos. Antes e depois deles, os autores de vossos dias, aqueles que vos nutriram e guardaram, aqueles que protegeram vossos primeiros passos e guiaram vossa adolescência, vosso pai e vossa mãe, têm direito à vossa solicitude. Depois vêm as almas que Deus vos deu como vossos irmãos, segundo a carne; depois, vossos amigos de coração; depois, todos os pobres, a começar pelos mais miseráveis.

Vós os vedes, eu vos concedo temperamentos, e estabeleci uma hierarquia conforme os instintos de vosso coração. Tende cuidado, no entanto, de muito favorecer uns com exclusão dos outros. É pela partilha equitativa de vossos benefícios que mostrareis a vossa sabedoria, e é pela partilha equitativa ainda que cumprireis a lei de Deus com relação aos vossos irmãos, que é a lei de solidariedade.

"A justiça, disse Lamennais, é a vida; a caridade é também a vida, mas uma mais bela e mais doce vida."

Sim, a caridade é uma bela e doce vida, é a vida dos santos, é a *chave do céu*.

Sociedade de Montreuil-sur-Mer,
5 de janeiro de 1865.

A FÉ

Pelo Espírito *Demeure*

1865, agosto.

A FÉ PLANA SOBRE A TERRA, PROCURANDO UMA POUSAda onde se abrigar, procurando um coração para esclarecer! Aonde irá ela?... Ela entrará primeiro na alma do homem primitivo e se imporá; colocará um véu momentâneo sobre a razão, começando a se desenvolver e a oscilar nas trevas do Espírito. Conduzi-lo-á através das idades de simplicidade e se fará senhora pelas revelações; mas, não estando o raciocínio ainda bastante maduro para discernir o que é justo do que é falso, para julgar o que vem de Deus, ela arrastará o homem fora do caminho reto, tomando-o pela mão e colocando-lhe uma venda sobre os olhos. Muitos desvios, tal deve ser a divisa da fé cega, que, no entanto, teve durante muito tempo sua utilidade e sua razão de ser.

Esta virtude desaparece quando a alma, pressentindo que pode ver por seus próprios olhos, afasta-se e não quer mais caminhar senão com sua razão.

Isto a ajuda a se desfazer das crenças falsas que havia adotado sem exame; nisso ela é boa; mas o homem, reencontrando em seu caminho muitos mistérios c verdades obscuras, quer penetrá-los e se engana. Seu julgamento não pode segui-la; quer ir muito depressa e a progressão em tudo deve ser insensível. Ele não tem, pois, mais a fé que repeliu; não tem mais a razão que quis ultrapassar. Faz, então, como as borboletas temerárias, queima as asas na luz e se perde nos descaminhos impossíveis. Dali saiu a má filosofia que, procurando muito, fez tudo desabar e nada substituiu.

Estava ali o momento da transformação; o homem não era mais o crente cego, não era ainda o crente raciocinando a crença; era a crise universal tão bem representada pelo estado da crisálida.

À força de procurar na noite, a claridade jorra, e muitas almas extraviadas, reencontrando apenas a luz obscurecida por tantos desvios inúteis e retomando por guia seus condutores eternos, a fé e a razão, fazem-nas marchar à sua frente, a fim de que seus dois clarões reunidos os impeçam de se perderem uma segunda vez. Fazem assentar a fé sobre as bases sólidas da razão, ajudada ela mesma pela inspiração.

É vossa época, meus amigos; segui o caminho, Deus está no fim.

Grupo Espírita de Douai, 7 de junho de 1865.

DO CONSENTIMENTO À PRECE

1866, maio.

PENSAIS QUASE SEMPRE QUE O QUE PEDIS NA PRECE deve se cumprir por uma espécie de milagre; esta crença errônea é a fonte de uma multidão de práticas supersticiosas e de muitas decepções. Ela conduz também à negação da eficácia da prece; do fato de que vosso pedido não é acolhido da maneira que entendíeis, disso concluís que foi inútil e, então, às vezes, murmurais contra a justiça de Deus. Outros pensam que, tendo Deus estabelecido leis eternas, às quais todos os seres estão submetidos, não pode derrogá-las para ceder aos pedidos que lhe são feitos. É para vos premunir contra o erro, ou melhor, contra o exagero dessas duas ideias, que me proponho vos dar algumas explicações sobre o modo de consentimento à prece.

É uma verdade incontestável que Deus não intervém e não suspende para *ninguém* o curso das leis que regem o Universo; sem isto, a ordem da Natureza seria incessantemente transtornada pelo capricho de qualquer um. É, pois, certo que toda prece que não pudesse ser atendida senão por uma derrogação a essas leis ficaria sem efeito; tal seria, por exemplo, aquela que tivesse por objeto o retorno à vida de um homem verdadeiramente morto, ou o restabelecimento da saúde se a desordem do organismo é irremediável.

Não é menos certo que não dá nenhuma atenção aos pedidos fúteis ou desconsiderados; mas estejais persuadidos de que toda prece pura e desinteressada é escutada, e que é sempre levada em conta a intenção, mesmo quando Deus, em Sua sabedoria, julgasse a propósito não atendê-la; é então, sobretudo, que vos é preciso dar prova de humildade e de submissão à Sua vontade, dizendo a vós mesmos que Ele sabe melhor do que vós o que pode vos ser útil.

Há, certamente, leis gerais às quais o homem está fatalmente submetido; mas é um erro crer que as menores circunstâncias da vida estejam fixadas, por antecipação, de maneira irrevogável; se fosse assim, o homem seria uma máquina sem iniciativa e, consequentemente, sem responsabilidade. O livre-arbítrio é uma das prerrogativas do homem; desde o instante em que é livre de ir à direita ou à esquerda, de agir segundo as circunstâncias, seus movimentos não são regulados como os de uma máquina. Segundo faça ou não faça uma coisa, e segundo que a faça de uma maneira ou de outra, os acontecimentos que dela dependem seguem um curso diferente; uma vez que estão subordinadas à decisão do homem, não estão submetidos à fatalidade. Aqueles que são fatais são os que independem de sua vontade; mas todas as vezes que o homem pode reagir em virtude de seu livre-arbítrio, não há fatalidade.

O homem tem, pois, um círculo no qual pode agir; essa liberdade de ação tem por limites as leis da Natureza, que ninguém pode transpor; ou melhor dizendo, essa liberdade, na esfera de atividade onde ela se exerce, faz parte dessas leis; ela é necessária, e é por ela que o homem é chamado a concorrer à marcha geral das coisas; e como ele o faz livremente, tem o mérito do que faz de bem, e o demérito do que faz de mal, de seu desleixo, de sua negligência, de sua inatividade. As flutuações que a sua vontade pode fazer sofrer aos acontecimentos da vida não perturbam, pois, de nenhum modo, a harmonia universal, porque essas flutuações faziam parte das provas que incumbem ao homem sobre a Terra.

No limite das coisas que dependem da vontade do homem, Deus pode, pois, sem derrogar Suas leis, aceder a uma prece quando ela é justa, e que o cumprimento lhe pode ser útil; mas ocorre, frequentemente, que dela julga a utilidade e a oportunidade de outro modo, diverso do nosso, e é por isto que não lhe aquiesce sempre. Se Lhe agrada atendê-la, não é modificando Seus decretos soberanos que o faz, mas por meios que não saiam da ordem geral, podendo-se exprimir assim. Os Espíritos, executores de Suas vontades, são, então, encarregados de provocar as circunstâncias que devem levar aos resultados desejados. Esse resultado requer quase sempre o concurso de algum encarnado; é, pois, esse concurso que os Espíritos preparam, inspirando àqueles que devem nisso cooperar, o pensamento de uma diligência, incitando-os a ir a um ponto antes que a um outro, provocando encontros propícios que parecem devidos ao acaso; ora, o acaso não existe nem na assistência que se recebe, nem nas infelicidades que se experimenta.

Nas aflições, a prece é não só uma prova de confiança e de submissão à vontade de Deus, que a escuta, se ela é pura e desinteressada, mas tem ainda por efeito, como o sabeis, estabelecer uma corrente fluídica que leva ao longe, no espaço, o pensamento do aflito, como o ar leva os acentos de sua voz. Esse pensamento repercute nos corações simpáticos ao socorro dos que sofrem, e estes, por um movimento inconsciente e como atraídos por uma força magnética, dirigem-se para o lugar onde a sua presença pode ser útil. Deus, que quer socorrer aquele que O implora, sem dúvida poderia fazê-lo por si mesmo, instantaneamente, mas, eu o disse, *Ele não deseja fazer milagres*, e as coisas devem seguir o seu curso natural; quer que os homens pratiquem a caridade socorrendo-se uns aos outros. Por seus mensageiros, leva a queixa onde ela pode encontrar eco, e lá os bons Espíritos sopram um bom pensamento. Se bem que suscitado, esse pensamento, pelo fato mesmo de que a fonte lhe é desconhecida, deixa ao homem toda a sua liberdade; nada o constrange; consequentemente, ele tem todo o mérito da espontaneidade se cede à voz íntima que nele faz um chamado ao sentimento do dever, e todo o demérito se, dominado por uma indiferença egoísta, ele resiste.

P. Há casos, como num perigo iminente, onde a assistência deve chegar em tempo útil; e se for preciso esperar a boa vontade de um homem, e se essa boa vontade faltar em consequência do livre-arbítrio?

– *R.* Não deveis vos esquecer de que os anjos guardiães, os Espíritos protetores, cuja missão é velar sobre aqueles que lhes são confiados, os seguem, por assim dizer, passo a passo. Não podem lhes poupar as apreensões dos perigos que fazem parte de suas provas; mas, se as consequências do perigo podem ser evitadas, como o previram antecipadamente, não esperam o último momento para preparar os socorros. Se, às vezes, dirigem-se aos homens de má vontade, é em vista de procurar despertar neles bons sentimentos, mas não contam com eles.

Quando, numa posição crítica, uma pessoa se encontra, como no propósito mencionado, para vos assistir, e que exclamais: "É a Providência que o envia" dizeis uma verdade maior do que o credes frequentemente.

Se há casos prementes, outros que o são menos exigem um certo tempo para conduzir um concurso de circunstâncias favoráveis, sobretudo quando é preciso que os Espíritos triunfem, pela inspiração, sobre a apatia de pessoas cuja cooperação é necessária para o resultado a se obter. Esses retardamentos no cumprimento do desejo são provas para a paciência e a resignação; depois, quando chega a realização daquilo que se desejou, é quase sempre por um encadeamento de circunstâncias tão naturais, que nada absolutamente revela uma intervenção oculta, nada toma a mais leve aparência de maravilhoso; as coisas parecem se arranjar por elas mesmas. Isso deve ser assim pelo duplo motivo de que os meios de ação não se afastem das leis gerais, e, em segundo lugar, que, se a assistência dos Espíritos for muito evidente, o homem se fiaria muito neles e se habituaria a não contar consigo mesmo. Essa assistência deve ser compreendida por ele pelo pensamento, pelo senso moral, e não pelos sentidos materiais; sua crença deve ser o resultado de sua fé e de sua confiança na bondade de Deus. Infelizmente, porque ele não viu o dedo de Deus fazer por ele um milagre, esquece muito frequentemente Aquele a quem deve a sua salvação para nisso glorificar o acaso; é uma ingratidão que, cedo ou tarde, recebe a sua expiação.

UM ESPÍRITO PROTETOR

Paris, abril de 1866. – Médium, senhora D...

INSTRUÇÕES PARA O SR. ALLAN KARDEC

Pelo Espírito *Demeure*

1866, maio.

COM A SAÚDE DO SR. ALLAN KARDEC ENFRAQUECENDO-se dia a dia em consequência dos trabalhos excessivos aos quais não pode bastar, vejo-me na necessidade de novamente repetir-lhe o que já lhe disse muitas vezes: Tendes necessidade de repouso; as forças humanas têm limites que o vosso desejo de ver progredir o ensino vos leva frequentemente a infringir; estais errado, porque, assim agindo, não apressareis a marcha da Doutrina, mas arruinareis a vossa saúde e vos colocareis na impossibilidade material de acabar a tarefa que viestes cumprir neste mundo. Vossa doença atual não é senão um dispêndio incessante de forças vitais que não deixam, para repará-las, o tempo de se refazer, e de um aquecimento do sangue produzido pela falta absoluta de repouso. Nós vos sustentamos, sem dúvida, mas com a condição de não desfazer o que fazemos. De que serve correr? Não vos foi dito, muitas vezes, que cada coisa virá a seu tempo e que os Espíritos prepostos ao movimento das ideias saberiam fazer surgir circunstâncias favoráveis quando o momento de agir tiver chegado?

Quando cada espírita guarda suas forças para a luta, pensais que seja de vosso dever esgotar as vossas? – Não; em tudo deveis dar o exemplo, e o vosso lugar será atacado vivamente no momento do perigo. Que faríeis se vosso corpo enfraquecido não permitisse mais ao vosso Espírito servir-se das armas que a experiência e a revelação vos colocaram nas mãos? – Crede-me, remetei para mais tarde as grandes obras destinadas a completar o trabalho esboçado nas vossas primeiras publicações; vossas tarefas correntes e algumas pequenas brochuras urgentes têm com que absorver o vosso tempo, e devem ser os únicos objetivos de vossas preocupações atuais.

Não falo somente em meu próprio nome, sou aqui o delegado de todos esses Espíritos que contribuíram tão poderosamente para a propagação do ensino pelas suas sábias instruções.

Eles vos dizem, por meu intermédio, que o retardamento que pensais nocivo ao futuro da Doutrina é uma medida necessária em mais de um ponto de vista, seja porque certas questões não estão ainda completamente elucidadas, seja para preparar os Espíritos a melhor assimilá-las. É preciso que outros tenham desbravado o terreno, que certas teorias tenham provado a sua insuficiência e gerado um maior vazio. Em uma palavra, o momento não é oportuno; poupai-vos, pois, porque quando disso for o tempo, todo o vosso vigor de tempo e de Espírito vos será necessário. O Espiritismo foi, até aqui, o objeto de muitas diatribes e levantou-se bem das tempestades! Credes que todo movimento seja apaziguado, que todos os ódios sejam acalmados e reduzidos à impossibilidade? Desenganai-vos, o cadinho depurador não rejeitou ainda todas as impurezas; o futuro vos guarda outras provas e as últimas crises não serão as menos penosas a suportar.

 Sei que a vossa posição particular vos suscita uma multidão de trabalhos secundários que empregam a melhor parte de vosso tempo. Os pedidos de todas as espécies vos sobrecarregam e vos fazeis um dever satisfazê-los tanto quanto possível. Farei aqui o que, sem dúvida, não ousaríeis fazer vós mesmo, e, dirigindo-me à generalidade dos espíritas, pedir-lhes-ei, no próprio interesse do Espiritismo, de vos poupar toda sobrecarga de trabalho de natureza a absorver os instantes que deveis consagrar, quase exclusivamente, ao remate da obra. Se vossa correspondência com isto sofre um pouco, o ensino aí ganhará. É algumas vezes necessário sacrificar as satisfações particulares ao interesse geral. É uma medida urgente que todos os adeptos sinceros saberão compreender e aprovar.

 A imensa correspondência que recebeis é para

vós uma fonte preciosa de documentos e de informações; ela vos esclarece sobre a marcha verdadeira e os progressos reais da Doutrina; é um termômetro imparcial; além disto, nela hauris satisfações morais que, mais de uma vez, sustentaram a vossa coragem vendo a adesão que as vossas ideias encontram em todos os pontos do globo; sob este aspecto, a superabundância é um bem e não um inconveniente, mas com a condição de secundar os vossos trabalhos e não de entravá-los, criando-vos um acréscimo de ocupações.

Dr. DEMEURE.

Bom senhor Demeure, eu vos agradeço por vossos sábios conselhos. Graças à resolução que tomei fazendo-me substituir, salvo os casos excepcionais, a correspondência corrente sofre pouco agora, e não sofrerá mais no futuro; mas que fazer desse atraso de mais de quinhentas cartas que, apesar de toda a minha boa vontade, não posso chegar a pôr em dia?

R. É preciso, como se diz em linguagem comercial, passá-las em bloco por conta de lucros e perdas. Anunciando esta medida na *Revista,* vossos correspondentes saberão o que se passa; compreenderão a sua necessidade e a acharão, sobretudo, justificada pelos conselhos que precedem. Eu o repito, seria impossível que as coisas continuassem por muito tempo como estão; tudo disso sofreria, a vossa saúde e a Doutrina. É preciso, se preciso for, saber fazer os sacrifícios necessários. Tranquilo, doravante, sobre este ponto, podereis vos ocupar mais livremente de vossos trabalhos obrigatórios. Eis o que vos aconselha aquele que será sempre vosso amigo devotado.

DEMEURE.

Cedendo a este sábio conselho, pedimos àqueles de nossos correspondentes com os quais estamos há muito tempo em atraso aceitarem as nossas escusas e os nossos lamentos de não ter podido responder com detalhe, e como teríamos desejado, às suas benevolentes cartas. Consintam em receber aqui, coletivamente, a expressão de nossos sentimentos fraternos.

Paris, 23 de abril de 1866. – Médium, Sr. Desliens.

O ESPIRITISMO OBRIGA

Pelo Espírito *Louis de France*

1866, maio.

O ESPIRITISMO É UMA CIÊNCIA ESSENCIALMENTE MOral; desde então, aqueles que se dizem seus adeptos não podem, sem cometer uma inconsequência grave, subtrair-se às obrigações que ele impõe.

Essas obrigações são de duas espécies.

A primeira concerne ao indivíduo que, ajudado pelas claridades intelectuais que a Doutrina derrama, pode melhor compreender o valor de cada um de seus atos, sondar melhor todas as dobras de sua consciência, melhor apreciar a infinita bondade de Deus, *que não quer a morte do pecador, mas que ele se converta e que viva*, e, para deixar-lhe a possibilidade de se levantar de suas quedas, deu-lhe a longa sequência das existências sucessivas, em cada uma das quais, levando a pena de suas faltas passadas, pode adquirir novos conhecimentos e novas forças, fazendo-o evitar o mal e praticar o que é conforme à justiça, à caridade. Que dizer daquele que, assim esclarecido sob seus deveres para com Deus, para com seus irmãos, permanece orgulhoso, cúpido, egoísta? Não parece que a luz o faça cego porque não está preparado para recebê-la? Desde então, ele caminha nas trevas, se bem que estando no meio da luz; somente é espírita de nome. A caridade fraternal daqueles que veem verdadeiramente deve se esforçar por curá-lo dessa cegueira intelectual; mas, para muitos daqueles que se lhe assemelham, será preciso a luz que o túmulo traz, porque seu coração é muito apegado aos gozos materiais, e que seu Espírito não está maduro para receber a verdade. Numa nova encarnação, compreenderão que os planetas inferiores como a Terra não são senão uma espécie de escola mútua onde a alma começa a desenvolver as suas faculdades, as suas aptidões, para aplicá-las, em seguida, aos grandes princípios da ordem, da justiça, do amor e da harmonia, que regulam as relações das almas entre si e as funções que elas cumprem na direção do Universo; sentirão que, chamada a uma tão alta dignidade quanto a de se tornar mensageira do Altíssimo, a alma humana não deve se envilecer, degradar-se ao contato dos imundos gozos da volúpia; das ignóbeis cobiças da avareza que suprime a alguns dos filhos de Deus o gozo dos bens que deu para todos; compreenderão que o egoísmo, nascido do orgulho, cega a alma e lhe faz violar os direitos da justiça, da humanidade, engendrando todos os males que fazem da Terra uma morada de dores e de expiações. Instruídos pelas duras lições da adversidade, seu Espírito será amadurecido pela reflexão, e seu coração, depois de ter sido esmagado pela dor, tornar-se-á bom e caridoso; assim é que o que vos parece um mal é algumas vezes necessário para reconduzir os endurecidos. Esses pobres retardatários, regenerados pelo sofrimento, esclarecidos por essa luz interior que se pode chamar o batismo do Espírito, velarão cuidadosamente sobre si mesmos, quer dizer, sobre os movimentos de seu coração e o emprego de suas faculdades para dirigi-los segundo as leis da justiça e da fraternidade. Compreenderão que não são somente obrigados a se melhorarem a si próprios, cálculo egoísta que impede alcançar o objetivo desejado por Deus, mas que a segunda ordem de obrigações do espírita, decorrendo necessariamente da primeira e completando-a, é a do exemplo, que é o melhor dos meios de propagação e de renovação.

Com efeito, aquele que está convencido da excelência dos princípios que lhe são ensinados e que devem, se adequá-los à sua conduta, proporcionar-lhe a felicidade duradoura, não pode, se está verdadeiramente animado desta caridade fraternal, que está na própria essência do Espiritismo, senão desejar que sejam compreendidos por todos os homens. Daí, a obrigação moral de conformar sua conduta à sua crença, e ser um exemplo vivo, um modelo, como o Cristo o foi para a Humanidade.

Vós, fracas centelhas partidas do eterno foco

do amor divino, seguramente não podeis pretender uma tão grande irradiação quanto aquela do Verbo de Deus encarnado sobre a Terra, mas cada um, em vossa esfera de ação, podeis derramar os benefícios do bom exemplo; podeis fazer amar a virtude, cercando-a do encanto dessa benevolência constante que atrai, cativa e mostra, enfim, que a prática do bem é coisa fácil, faz a felicidade íntima da consciência que está alinhada sob a sua lei, porque é o cumprimento da vontade divina que nos diz: *Sede perfeitos porque vosso Pai celestial é perfeito.*

Ora, o Espiritismo não é outra coisa senão a aplicação verdadeira dos princípios da moral ensinada por Jesus, porque não é senão no objetivo de fazê-la compreender a todos, a fim de que, por ela, todos progridam mais rapidamente, que Deus permite esta universal manifestação do Espírito, vindo vos explicar o que vos parecia coisa obscura, e vos ensinar toda a verdade. Ele vem, como o Cristianismo bem compreendido, mostrar ao homem a absoluta necessidade de sua renovação interior pelas próprias consequências que resultam de cada um de seus atos, de cada um de seus pensamentos; porque nenhuma emanação fluídica, boa ou má, escapa do coração ou do cérebro do homem sem deixar, em alguma parte, uma marca; o mundo invisível que vos cerca é para vós *esse Livro de Vida* onde tudo se inscreve com uma incrível fidelidade, e *a Balança da Justiça Divina* não é outra senão uma figura exprimindo que cada um de vossos atos, cada um de vossos sentimentos é, de alguma sorte, o peso que carrega vossa alma e a impede de se elevar, ou o que faz o equilíbrio entre o bem e o mal.

Felizes, pois, aqueles cujos sentimentos partem de um coração puro; ele se derrama ao seu redor como uma suave atmosfera que faz amar a virtude e atrai os bons Espíritos; seu poder de irradiação é tanto maior quanto mais humilde for, isto é, mais liberto das influências materiais que atraem a alma e a impedem de progredir.

As obrigações que o Espiritismo impõe são, pois, de natureza essencialmente moral; são uma consequência da crença; cada um é juiz e parte em sua causa própria; mas as claridades intelectuais que leva àquele que quer, verdadeiramente, *conhecer a si mesmo* e trabalhar pela sua melhoria são tais que assustam os pusilânimes, e é por isso que são rejeitadas por um tão grande número. Outros tratam de conciliar a reforma que a sua razão lhes demonstra ser uma necessidade com as exigências da sociedade atual. Daí, uma mistura heterogênea, uma falta de unidade que faz da época atual um estado transitório; é difícil, à vossa natureza corpórea, despojar-se de suas imperfeições para revestir o homem novo, quer dizer, o homem vivendo segundo os princípios de justiça e de harmonia determinados por Deus. Com esforços perseverantes, todavia, lá chegareis, porque as obrigações que a consciência se impõe, quando ela está suficientemente esclarecida, têm mais força do que jamais terão as leis humanas baseadas sobre o constrangimento de um obscurantismo religioso que não pode suportar o exame; mas se, graças às luzes do Alto, estais mais instruídos e compreendeis mais, deveis também ser mais tolerantes e não empregar, como meio de propagação, senão o raciocínio, porque toda crença sincera é respeitável. Se vossa vida é um belo modelo onde todos possam encontrar bons exemplos e sólidas virtudes, onde a dignidade se alia a uma graciosa amenidade, rejubilai-vos, porque tereis, em parte, compreendido a que o Espiritismo obriga.

Paris, abril de 1866. – Médium, senhora B...

A SOLIDARIEDADE

1867, março.

GLÓRIA A DEUS, E PAZ AOS HOMENS DE BOA VONTADE!

O estudo do Espiritismo não deve ser vão. Para certos homens levianos, ele é um passatempo; para os homens sérios, ele deve ser sério.

Refleti em uma coisa antes de tudo. Não estais sobre a Terra para nela viver à moda dos animais, para nela vegetar à maneira das gramíneas ou das árvores. As gramíneas e as árvores têm a vida orgânica, e não têm a vida inteligente, do mesmo modo que os animais não têm a vida moral. Tudo vive, tudo respira na Natureza, só o homem sente e se sente.

Quantos são insensatos e a se lamentar, os que se menosprezam bastante para se comparar a um talo de erva, ou a um elefante! Não confundais nem os gêneros nem as espécies. Não são os grandes filósofos e os grandes naturalistas que veem, no Espiritismo, por exemplo, uma nova edição da metempsicose, e sobretudo de uma metempsicose absurda. A metempsicose é o sonho de um homem de imaginação, ela não é outra coisa. Um animal, um vegetal, são congêneres, nada de mais nem nada de menos. Isto seja dito, para impedir velhas ideias falsas de se acreditarem de novo, à sombra do Espiritismo.

Homem, sede homem; sabei donde vindes e para onde ides. Sois o filho amado d'Aquele que tudo fez e que vos deu uma finalidade, um destino que deveis cumprir sem conhecê-Lo absolutamente. Sois necessários aos Seus desígnios, à Sua glória, à Sua própria felicidade? Perguntas ociosas, uma vez que são insolúveis. Vós *sois,* sede reconhecidos por isso; mas *ser* não é tudo, é preciso ser segundo as leis do Criador, que são vossas próprias leis. Lançado na existência, sois ao mesmo tempo causa e efeito. Nem como causa, nem como efeito, podeis, pelo menos quanto ao presente, determinar o vosso papel, mas as vossas leis podeis seguir. Ora, a principal é esta: O homem não é um ser isolado, é um ser coletivo. O homem é solidário do homem. É em vão que procura o complemento do seu ser, quer dizer, a felicidade em si mesmo ou naquilo que o cerca isoladamente: ele não pode encontrá-lo senão no *homem* ou na *Humanidade.* Não fazeis, pois, nada para ser pessoalmente felizes, enquanto a infelicidade de um membro da Humanidade, de uma parte de vós mesmos, possa vos afligir.

É da moral o que vos ensino lá, mas direis, ora, a moral é um velho lugar-comum. Olhai ao vosso redor, o que há de mais ordinário, de mais comum, do que o retorno periódico do dia e da noite, do que a necessidade de vos alimentar e de vos vestir? É a isto que tendem todos os vossos cuidados, todos os vossos esforços. É preciso, pois a parte material de vosso ser o exige. Mas vossa natureza não é dupla, não sois mais Espírito do que corpo? Como, pois, se dá que vos seja mais difícil lembrar as leis morais do que de aplicar a todo instante as leis físicas? Se estivésseis menos preocupados e menos distraídos, esta repetição não seria tão necessária.

Não nos afastemos de nosso assunto: o Espiritismo bem compreendido é para a vida da alma o que o trabalho material é para a vida do corpo. Ocupai-vos dele com este objetivo e tende por certo que, quando o tiverdes feito, para vos melhorar moralmente, a metade do que fizestes para melhorar a vossa existência material, tereis feito a Humanidade dar um grande passo.

UM ESPÍRITO

Paris, 26 de novembro de 1866,
médium Sr. Sabb...

COMUNICAÇÃO COLETIVA

1867, março.

Em 1º de novembro último, estando a Sociedade reunida, como de hábito, para a comemoração dos mortos, foi recebido grande número de comunicações, entre as quais uma sobretudo se distinguiu pelo seu feitio inteiramente novo, e que consiste numa sequência de pensamentos destacados, cada um assinado com um nome diferente, que se encadeiam e se completam uns pelos outros. Eis esta comunicação:

Meus amigos, quantos Espíritos, ao vosso redor, que gostariam de se comunicar convosco e vos dizer que vos amam; e quanto seríeis felizes se o nome de todos aqueles que vos são caros fosse pronunciado à mesa dos médiuns! Que felicidade! Que alegria, para cada um de vós, se vosso pai, vossa mãe, vosso irmão, vossa irmã, vossos filhos e vossos amigos viessem vos falar! Mas compreendeis que é impossível que sejais todos satisfeitos; o número dos médiuns não bastaria; mas o que não é impossível é que um Espírito, em nome de todos os vossos parentes e amigos, venha vos dizer: Obrigado pela vossa boa lembrança e vossas preces ardentes; coragem! Tende a esperança de que um dia, depois de vossa libertação, viremos todos vos estender a mão. Ficai persuadidos de que o que o Espiritismo vos ensina é o eco das leis do Todo-Poderoso; pelo amor, tornai-vos todos irmãos, e vos aliviais do pesado fardo que carregais.

Agora, caros amigos, todos os vossos Espíritos protetores virão lhes dar o seu pensamento. Tu, médium, escuta e deixa teu lápis ir segundo a sua ideia.

A medicina faz o que fazem os lagostins assustados; Dr. DEMEURE.

Porque o magnetismo progride e que, progredindo, ele esmaga a medicina atual para substituí-la. MESMER.

A guerra é um duelo que não cessará senão quando os combatentes tiverem força igual; NAPOLEÃO.

Força igual materialmente e moralmente. GENERAL BERTRAND.

A igualdade moral reinará quando o orgulho for destituído. GENERAL BRUNE.

As revoluções são abusos que destroem outros abusos; LOUIS XVI.

Mas esses abusos fazem nascer a liberdade. (Nenhum nome).

Para serem iguais é preciso que sejam irmãos; sem fraternidade, nenhuma igualdade e nenhuma liberdade. LAFAYETTE.

A Ciência é o progresso da inteligência; NEWTON.

Mas o que lhe é preferível é o progresso moral. JEAN REYNAUD.

A Ciência permanecerá estacionária até que a moral a tenha alcançado. FRANÇOIS ARAGO.

Para desenvolver a moral, é preciso primeiro extirpar o vício. BÉRANGER.

Para destruir o vício, é preciso desmascará-lo; EUGÈNE SUE.

É o que todos os Espíritos fortes e superiores procuram fazer. JACQUES ARAGO.

Três coisas devem progredir: a música, a poesia, a pintura. A música transporta a alma impressionando o ouvido; MEYERBEER.

A poesia transporta a alma abrindo o coração. CASIMIR DELAVIGNE.

A pintura transporta a alma agradando aos olhos. FLANDRIN.

A poesia, a música e a pintura são irmãs e se dão as mãos; uma para abrandar o coração, a outra para abrandar os costumes, e a última para abrir a alma; todas as três para vos elevar ao vosso Criador. ALFRED DE MUSSET.

Mas nada, nada deve momentaneamente mais progredir do que a filosofia; ela deve dar um passo imenso, deixando estacionar a Ciência e as Artes, mas para elevá-las tão alto, quando disto for tempo, porque esta elevação seria muito súbita para vós hoje.

Em nome de todos, SÃO LUÍS.

Em 6 de dezembro, o Sr. Bertrand obteve, no grupo do Sr. Desliens, uma comunicação do mesmo gênero, que, de alguma sorte, é a continuação da precedente.

O amor é uma lira cujas vibrações são os acordes divinos. HÉLOÏSE.

O amor tem três cordas em sua lira: a emanação divina, a poesia e a melodia; se uma delas falta, os acordes são imperfeitos. ABÉLARD.

O amor verdadeiro é harmonioso; suas harmonias embriagam o coração, elevando a alma. A paixão sufoca os acordes, rebaixando a alma. BERNARDIN DE SAINT-PIERRE.

Era o amor o que Diógenes procurava procurando um homem... que veio alguns séculos mais tarde, e que o ódio, o orgulho e a hipocrisia crucificaram. SÓCRATES.

Os sábios da Grécia, algumas vezes, o foram mais em seus escritos e em suas palavras do que em sua pessoa. PLATÃO.

Ser sábio é amar; procuremos, pois, o amor pelo caminho da sabedoria. FÉNELON.

Não podeis ser sábios, se não souberdes vos elevar acima da maldade dos homens. VOLTAIRE.

O sábio é aquele que não crê sê-lo. CORNEILLE.

Quem se crê pequeno é grande; quem se crê grande é pequeno. LAFONTAINE.

O sábio se julga ignorante, e quem se julga sábio é ignorante. ESOPO.

A humildade ainda se crê orgulhosa, e quem se crê humilde não o é. RACINE.

Não confundais com os humildes aqueles que dizem, por fingida modéstia, ou por interesse, o contrário do que são; estaríeis no erro. Neste caso, a verdade se cala. BONNEFOND.

O gênio se possui por inspiração e não se adquire; Deus quer que as coisas maiores sejam descobertas ou inventadas por seres sem instrução, a fim de paralisar o orgulho, para tornar o homem solidário do homem. FRANÇOIS ARAGO.

Não tratam de loucos senão aqueles cujas ideias não são timbradas pela autoridade da Ciência; é assim que aqueles que creem tudo saber rejeitam os pensamentos de gênio daqueles que não sabem nada. BÉRANGER.

A crítica é o estimulante do estudo, mas é a paralisação do gênio. MOLIÈRE.

A ciência aprendida não é senão o esboço da ciência inata; ela não se torna inteligente senão na nova encarnação. J.-J. ROUSSEAU.

A encarnação é o sono da alma; as peripécias da vida lhe são os sonhos. BALZAC.

Algumas vezes, a vida não é senão um horrível pesadelo para o Espírito e, frequentemente, tarda-lhe para que esteja finda; LA ROCHEFOUCAULT.

Ali está a sua prova; se resiste, dá um passo para o progresso, se não, entrava o caminho que deve conduzi-lo ao porto. MARTIN.

Ao despertar da alma que saiu vitoriosa das lutas terrestres, o Espírito está maior e mais elevado; se ele sucumbe, encontra-se tal qual era. PASCAL.

É negar o progresso o querer que a língua seja o emblema da imutabilidade de uma doutrina religiosa; além disto, é forçar o homem a orar mais com lábios do que com o coração. DESCARTES.

A imutabilidade não reside na forma das palavras, mas no verbo do pensamento. LAMENNAIS.

Jesus dizia aos seus apóstolos para irem pregar o Evangelho em seu idioma, e que todos os povos os compreenderiam. LACORDAIRE.

A fé desinteressada faz milagres. BOILEAU.

A doutrina de Jesus não se sente e não se compreende senão pelo coração; qualquer que seja, pois, a maneira pela qual se fale, ela é sempre o amor e a caridade. BOSSUET.

As preces ditas ou escritas que não são compreendidas deixam vagar os pensamentos, permitindo aos olhos se distraírem pelo fausto das cerimônias. MASSILLON.

Tudo mudará, sem, contudo, retornar à simplicidade de antes, o que seria a negação do progresso. As coisas se farão sem fausto e sem orgulho. SIBOUR.

O amor triunfará, e virão com ele a sabedoria, a caridade, a prudência, a força, a Ciência, a humildade, a calma, a justiça, o gênio, a tolerância, o entusiasmo, e a glória majestosa e divina esmagará, pelo seu esplendor, o orgulho, a inveja, a hipocrisia, a maldade e o ciúme, que arrastam atrás de si a preguiça, a gulodice e a luxúria. EUGÈNE SUE.

O amor reinará, e para que ele não tarde, é preciso, corajoso Diógenes, tomar na mão o facho do Espiritismo, e mostrar aos humanos os vermes roedores que formam ferida em sua alma. SÃO LUÍS.

Nota. Este gênero de comunicação levanta uma questão importante. Como os fluidos de um número muito grande de Espíritos podem se assimilar quase instantaneamente com o fluido do médium, para transmitir-lhe seu pensamento, ao passo que essa assimilação, frequentemente, é difícil da parte de um só Espírito, e não se estabelece, geralmente, senão com o tempo?

O guia espiritual do médium parece tê-lo previsto, porque dois dias depois deu, espontaneamente, a seguinte explicação:

"A comunicação que obtiveste no dia de Todos os Santos, assim como a última que dela é o complemento, embora nela haja nomes repetidos, foram obtidas da maneira seguinte: como sou teu Espírito protetor, meu fluido é similar ao teu. Coloquei-me acima de ti, transmitindo-te, o mais exatamente possível, os pensamentos e os nomes dos Espíritos que desejaram se manifestar. Eles formaram ao redor de mim uma assembleia cujos membros ditavam, alternadamente, todos os pensamentos que te transmiti. Isto foi espontâneo, e o que tornou naquele dia as comunicações mais fáceis foi que os Espíritos presentes tinham *saturado* o apartamento com os seus fluidos.

"Quando um Espírito se comunica com um médium, ele o faz com tanto mais facilidade quanto as relações fluídicas estejam melhor estabelecidas entre eles, senão o Espírito é obrigado, para comunicar seu fluido ao médium, a estabelecer uma espécie de corrente magnética que chega ao cérebro deste último; e se o Espírito, em razão de sua inferioridade, ou de qualquer outra causa, não pode estabelecer essa corrente ele mesmo, ele recorre à assistência do guia do médium, e as relações se estabelecem como venho de indicá-lo." SLENER.

Um outra questão é esta: entre esses Espíritos, não há os que estão encarnados neste mundo ou em outros, e, neste caso, como podem se comunicar? Eis a resposta que disto nos foi dada:

"Os Espíritos de um certo grau de adiantamento têm uma irradiação que lhes permite se comunicar simultaneamente em vários pontos. Em alguns, o estado de encarnação não amortece essa irradiação de maneira bastante completa para os impedir de se manifestarem mesmo no estado de vigília. Quanto mais o Espírito é avançado, mais são fracos os laços que o unem à matéria do corpo; ele está num estado quase constante de desligamento, e pode-se dizer que está lá onde dirige seu pensamento." UM ESPÍRITO.

Sociedade de Paris, 1º de novembro de 1866.
Médium M. Bertrand.

A MELHOR PROPAGANDA

1868, novembro.

SE HÁ POUCOS MÉDIUNS, ESTA NOITE, NÃO É PORQUE faltam Espíritos; ao contrário, eles são muito numerosos; uns são os habituais que vêm nos instruir ou se instruírem eles mesmos; os outros, em grande número, são recém-chegados para vós. Eles vieram sem carta de entrada, é verdade; mas com o consentimento e o convite dos Espíritos habituais. Muitos desses Espíritos sentem-se felizes por assistir à sessão, e o são sobretudo por nela haverem vários espíritas que eles amam e amparam, e que tiveram o pensamento de se colocar entre vós.

Há muitos espíritas no mundo, mas seu grau de instrução sobre a Doutrina está longe de ser suficiente para se fazer classificar entre os espíritas esclarecidos. Eles têm luzes, sem dúvida, mas a prática, geralmente, faz-lhes falta; ou, se praticam, têm necessidade de ser secundados, a fim de levarem, nos esforços que tentam, mais persuasão e menos entusiasmo. Quando falo de prática do Espiritismo, quero dizer a parte que concerne à propaganda; pois bem! Para esta parte, mais difícil do que se crê, é preciso, para exercê-la com eficácia, estar bem penetrado da filosofia do Espiritismo e também de sua parte moral. A parte moral é fácil de conhecer; ela pede para isso pouco esforço; em compensação, é a mais difícil de praticar, porque só o exemplo pode fazer bem compreendê-la. Fareis compreender melhor a virtude dando-lhe o exemplo do que em definindo-a. Ser virtuoso é fazer compreender e amar a virtude. Não há nada a responder àquele que faz o que aconselha os outros fazer. Portanto, para a parte moral do Espiritismo, nenhuma dificuldade na teoria, muita na prática.

 A parte filosófica apresenta mais dificuldades para ser compreendida e, consequentemente, pede mais esforços. Os adeptos que tentam ser militantes devem pôr-se à obra para bem conhecê-la, porque é a arma com a qual combaterão com mais sucesso. É útil que não se extasiem com os fenômenos materiais e que deles deem a explicação sem muito desenvolvimento. Eles devem reservar esses desenvolvimentos para a análise dos fatos de ordem inteligente, sem, no entanto, muito dizer, porque não se deve fatigar o espírito das pessoas novatas no Espiritismo. Explicações concisas, exemplos bem escolhidos, adaptando-se bem à questão que se discute, eis tudo o que é preciso. Mas eu o repito, para ser conciso, não é preciso dele saber menos; para dar exemplos ou explicações bem apropriadas ao assunto, é necessário conhecer a fundo a filosofia do Espiritismo. Esta filosofia está resumida em *O Livro dos Espíritos*, e o lado prático, em *O Livro dos Médiuns*. Se conhecerdes bem a substância dessas duas obras, que são obras dos Espíritos, tereis certamente a felicidade de conduzir muitos de vossos irmãos a esta crença tão consoladora, e muitos daqueles que creem serão colocados sobre o seu verdadeiro terreno: o do amor e da caridade.

Assim, pois, meus amigos, aqueles dentre vós que desejarem, e todos devem desejá-lo, fazer partilhar suas crenças com seus irmãos, que querem chamá-los ao banquete de consolação que o Espiritismo oferece a todos os seus filhos, devem moralmente pregar o Espiritismo praticando-lhe a moral e, intelectualmente, difundindo, ao seu redor, as luzes que hauriram ou haurirão nas comunicações dos Espíritos.

Tudo isto é fácil, não é preciso senão querer. Pois bem! Meus caros amigos, em nome de vossa felicidade, de vossa tranquilidade, em nome da união e da caridade, eu vos estimulo a querer.

UM ESPÍRITO

Sociedade de Paris; 23 de outubro de 1868.
Médium, Sr. Nivard

SESSÃO ANUAL COMEMORATIVA DOS MORTOS

1868, dezembro.

DISCURSO DE ABERTURA PELO SR. ALLAN KARDEC (1)

O Espiritismo é uma religião?

> "Em qualquer lugar que se encontrem duas ou três pessoas reunidas em meu nome, eu me encontro ali no meio delas." (*S. Mateus*, cap. XVIII, v. 20.)

Caros irmãos e irmãs espíritas,

Estamos reunidos, neste dia consagrado pelo uso à comemoração dos mortos, para dar àqueles de nossos irmãos que deixaram a Terra um testemunho

---

(1) A primeira parte desse discurso foi tomada de uma publicação anterior sobre a *Comunhão de pensamentos*, mas que era necessário lembrar, por causa da sua ligação com a ideia principal.

particular de simpatia, para continuar as relações de afeto e de fraternidade que existiam entre eles e nós quando vivos e para chamar sobre eles a bondade do Todo-Poderoso. Mas por que nos reunir? Não podemos fazer, cada um em particular, o que nos propomos fazer em comum? Que utilidade pode nisto ter em se reunir assim num dia determinado?

Jesus no-lo indica pelas palavras que reportamos acima. Esta utilidade está no resultado produzido pela comunhão de pensamentos que se estabelece entre pessoas reunidas com um mesmo objetivo.

Mas compreende-se bem toda a importância desta palavra: *Comunhão de pensamentos*? Seguramente, até este dia, poucas pessoas dela se fizeram uma ideia completa. O Espiritismo, que tantas coisas nos explica pelas leis que nos revela, vem ainda nos explicar a causa, os efeitos e o poder desta situação do Espírito.

Comunhão de pensamento quer dizer pensamento comum, unidade de intenção, de vontade, de desejo, de aspiração. Ninguém pode desconhecer que o pensamento seja uma força; mas é uma força puramente moral e abstrata? Não; de outro modo não se explicariam certos efeitos do pensamento, e ainda menos da comunhão de pensamento. Para compreendê-lo, é preciso conhecer as propriedades e a ação dos elementos que constituem a nossa essência espiritual, e é o Espiritismo que no-lo ensina.

O pensamento é o atributo característico do ser espiritual; é ele que distingue o Espírito da matéria: sem o pensamento, o Espírito não seria Espírito. A vontade não é um atributo especial do Espírito; é o pensamento chegado a um certo grau de energia; é o pensamento tornado força motora. É pelo pensamento que o Espírito imprime aos membros e ao corpo os movimentos num sentido determinado. Mas se ele tem o poder de agir sobre os órgãos materiais, quanto esta força deve ser maior sobre os elementos fluídicos que nos cercam! O pensamento age sobre os fluidos ambientes, como o som age sobre o ar; esses fluidos nos trazem o pensamento como o ar nos traz o som. Pode-se, pois, dizer, com toda a verdade, que há nesses fluidos ondas e raios de pensamentos que se cruzam sem se confundirem, como há no ar ondas e raios sonoros.

Uma assembleia é um foco de onde irradiam pensamentos diversos; é como uma orquestra, um coro de pensamentos em que cada um produz uma nota. Disto resulta uma multidão de correntes e de eflúvios fluídicos dos quais cada um recebe a impressão pelo sentido espiritual, como num coro de música, cada um recebe a impressão dos sons pelo sentido da audição.

Mas do mesmo modo que há raios sonoros harmônicos ou discordantes, há também pensamentos harmônicos ou discordantes. Se o conjunto é harmônico, a impressão é agradável; se é discordante, a impressão é penosa. Ora, por isto, não há necessidade de que o pensamento seja formulado em palavras; a irradiação fluídica não deixa de existir, quer ela seja expressada ou não; se todas são benéficas, todos os assistentes experimentam um verdadeiro bem-estar e se sentem comodamente; mas se é misturada com alguns pensamentos maus, eles produzem um efeito de uma corrente de ar gelado no meio tépido.

Tal é a causa do sentimento de satisfação que se sente numa reunião simpática; ali reina uma atmosfera moral saudável, onde se respira comodamente; dali se sai reconfortado, porque se está impregnado de eflúvios salutares. Assim se explicam também a ansiedade, o mal-estar indefinível que se sente num meio antipático, onde os pensamentos malévolos provocam, por assim dizer, correntes fluídicas doentias.

A comunhão de pensamentos produz, pois, uma espécie de efeito físico que reage sobre o moral; é o que só o Espiritismo poderia fazer compreender. O homem o sente instintivamente, uma vez que procura as reuniões onde ele sabe encontrar essa comunhão; nessas reuniões homogêneas e simpáticas, ele haure novas forças morais; poder-se-ia dizer que ali recupera as perdas fluídicas perdidas a cada dia pela irradiação do pensamento, como recupera pelos alimentos as perdas do corpo material.

A esses efeitos da comunhão de pensamentos junta-se um outro que lhe é consequência natural, e que importa não perder de vista: é a força que adquire o pensamento ou a vontade, pelo conjunto dos pensamentos ou vontades reunidos. Sendo a vontade uma força ativa, esta força é multiplicada pelo número das vontades idênticas, como a força muscular é multiplicada pelo número dos braços.

Estabelecido este ponto, concebe-se que, nas relações que se estabelecem entre os homens e os Espíritos, haja, numa reunião onde reina uma perfeita comunhão de pensamentos, uma força atrativa ou repulsiva que um indivíduo isolado nem sempre possui. Se, até o presente, as reuniões muito numerosas são menos favoráveis, é pela dificuldade de obter uma homogeneidade perfeita de pensamentos, o que se prende à imperfeição da natureza humana sobre a Terra. Quanto mais as reuniões são numerosas, mais nela se misturam elementos heterogêneos que paralisam a ação dos bons elementos, e que são como os grãos de areia numa engrenagem. Não ocorre o mesmo nos mundos mais avançados, e esse estado de coisas mudará sobre a Terra, à medida que os homens se tornarem melhores.

Para os espíritas, a comunhão de pensamentos tem um resultado mais especial ainda. Vimos o efeito dessa comunhão de homem a homem; o Espiritismo nos prova que ela não é menor dos homens para os Espíritos, e reciprocamente. Com efeito, se o pensamento coletivo adquire força pelo número, um conjunto de pensamentos idênticos, tendo o bem por objetivo, terá mais força para neutralizar a ação dos maus Espíritos; também vemos que a tática destes últimos é de levar à divisão e ao isolamento. Sozinho, um homem pode sucumbir, ao passo que, se sua vontade está corroborada por outras vontades, ele poderá resistir, segundo o axioma: *A união faz a força*, axioma verdadeiro no moral como no físico.

De um outro lado, se a ação dos Espíritos malévolos pode ser paralisada por um pensamento comum, é evidente que a dos bons Espíritos será secundada; sua influência salutar não encontrará obstáculos; seus eflúvios fluídicos, não sendo detidos por correntes contrárias, derramar-se-ão sobre todos os assistentes, precisamente porque todos os terão atraído pelo pensamento, não cada um em seu proveito pessoal, mas em proveito de todos, segundo a lei de caridade. Descerão sobre eles como línguas de fogo, para nos servirmos de uma admirável imagem do Evangelho.

Assim, pela comunhão de pensamentos, os homens se assistem entre si e, ao mesmo tempo, assistem os Espíritos, e são por eles assistidos. As relações do mundo visível e do mundo invisível não são mais individuais, são coletivas e, por isto mesmo, mais poderosas para o proveito das massas, como para o dos indivíduos; em uma palavra, elas estabelecem a solidariedade, que é a base da fraternidade. Cada um não trabalha só para si, mas para todos, e, em trabalhando para todos, cada um nisso encontra a sua parte; é o que o egoísmo não compreende.

Graças ao Espiritismo, pois, compreendemos o poder e os efeitos do pensamento coletivo; explicamo-nos melhor o sentimento de bem-estar que se experimenta num meio homogêneo e simpático; mas sabemos igualmente que ocorre o mesmo com os Espíritos, porque eles também recebem os eflúvios de todos os pensamentos benevolentes que se elevam para eles, como uma emanação de perfume. Aqueles que são felizes sentem uma maior alegria desse concerto harmonioso; aqueles que sofrem sentem um maior alívio.

Todas as reuniões religiosas, seja de qualquer culto a que pertençam, são fundadas sobre a comunhão de pensamentos; é aí, com efeito, que ela deve e pode exercer toda a sua força, porque o objetivo deve ser o desligamento do pensamento das amarras da matéria. Infelizmente, a maioria se afastou deste princípio, à medida que fizeram da religião uma questão de forma. Disto resultou que, cada um fazendo consistir seu dever no cumprimento da forma, acredita-se quite com Deus e com os homens, quando praticou apenas uma fórmula. Disto resulta ainda que *cada um vai aos lugares de reuniões religiosas com um pensamento pessoal, por sua própria conta, e, o mais frequentemente, sem nenhum sentimento de confraternidade em relação aos outros assistentes; ele está isolado no meio da multidão, e não pensa no Céu senão para si mesmo.*

Não era certamente assim que o entendia Jesus

quando disse: "Quando estiverdes vários reunidos em meu nome, Eu estarei em vosso meio." Reunidos em meu nome, quer dizer, com um pensamento comum; mas não se pode estar reunidos em nome de Jesus sem assimilar os seus princípios, a sua doutrina; ora, qual é o princípio fundamental da doutrina de Jesus? A caridade em pensamentos, em palavras e em ações.

Os egoístas e os orgulhosos mentem quando se dizem reunidos em nome de Jesus, porque Jesus os desaprova por Seus discípulos.

Tocados por esses abusos e desvios, há pessoas que negam a utilidade das assembleias religiosas e, por conseguinte, dos edifícios consagrados a essas assembleias. Em seu radicalismo, elas pensam que melhor seria construir hospícios do que templos, tendo em vista que o templo de Deus está por toda parte, que Ele pode ser adorado por toda parte, que cada um pode pedir em sua casa e a toda hora, ao passo que os pobres, os doentes e os enfermos têm necessidade de lugares de refúgio.

Mas do fato de terem cometido abusos, de terem se afastado do caminho reto, segue-se que o caminho reto não existe, e que de tudo o que se abusa seja mau? Falar assim é desconhecer a fonte e os benefícios da comunhão de pensamento, que deve ser a essência das assembleias religiosas; é ignorar as causas que a provocam. Que materialistas professem semelhantes ideias, se o concebe; porque em todas as coisas fazem abstração da vida espiritual; mas da parte de espiritualistas, e melhor ainda, de espíritas, isto seria um contrassenso. *O isolamento religioso, como o isolamento social, conduz ao egoísmo.* Que alguns homens sejam bastante fortes por si mesmos, largamente dotados pelo coração, para que sua fé e sua caridade não tenham necessidade de ser aquecidas em um foco comum, é possível; mas não ocorre assim com as massas, que necessitam de um estimulante, sem o qual elas se poderiam deixar levar pela indiferença. Além disto, qual é o homem que possa se dizer bastante esclarecido para não ter nada a aprender no que toca aos seus interesses futuros? E bastante perfeito para abster-se de conselhos na vida presente? Será sempre capaz de se instruir por si mesmo? Não; a maioria necessita de ensinamentos diretos em matéria de religião e de moral, como também em matéria de ciência. Sem contradita, esse ensinamento pode ser dado por toda parte, sob a abóbada do Céu como sob a de um templo; mas por que os homens não teriam lugares especiais para questões do Céu, como os têm para as questões da Terra? Por que não teriam assembleias religiosas, como têm assembleias políticas, científicas e industriais? Está aí uma bolsa onde se ganha sempre sem fazer ninguém perder nada. Isto não impede as edificações em proveito dos infelizes; mas dizemos que, *quando os homens compreenderem melhor seus interesses do Céu, haverá menos gente nos hospícios.*

Se as assembleias religiosas, nós falamos em geral, sem fazer alusão a nenhum culto, muito frequentemente se afastaram do objetivo primitivo principal, que é a comunhão fraterna do pensamento; se o ensino que ali é dado nem sempre segue o movimento progressivo da Humanidade, é que os homens não realizam todos os progressos ao mesmo tempo; o que eles não fazem num período, o fazem em outro; à medida que se esclarecem, veem as lacunas que existem em suas instituições, e as preenchem; eles compreendem que o que era bom em uma época, em relação ao grau da civilização, torna-se insuficiente numa etapa mais avançada, e restabelecem o nível. O Espiritismo, nós o sabemos, é a grande alavanca do progresso em todas as coisas; ele marca uma era de renovação. Saibamos, pois, esperar, e não exijamos de uma época mais do que ela pode dar. Como as plantas, é preciso que as ideias amadureçam para serem colhidos os seus frutos. Saibamos, além disto, fazer as concessões necessárias às épocas de transição, porque nada, na Natureza, se opera de maneira brusca e instantânea.

Dissemos que o verdadeiro objetivo das assembleias religiosas deve ser a *comunhão de pensamentos*; é que, com efeito, a palavra *religião* quer dizer *laço*; uma religião, em sua acepção ampla e verdadeira, é um laço que *religa* os homens numa comunhão de sentimentos, de princípios e de crenças; consecutivamente, esse nome foi dado a esses mesmos princípios codificados e formulados em dogmas ou artigos de fé.

É nesse sentido que se diz: *a religião política*; no entanto, mesmo nesta acepção, a palavra *religião* não é sinônimo de *opinião*; ela implica uma ideia particular: a de *fé conscienciosa*; eis por que se diz também: *a fé política*. Ora, os homens podem se filiar, por interesse, num partido, sem ter a fé desse partido, e a prova disto é que o deixam, sem escrúpulo, quando encontram seu interesse em outra parte, ao passo que aquele que o abraça por convicção é inabalável; ele persiste à custa dos maiores sacrifícios e é a abnegação dos interesses pessoais, que é a verdadeira pedra de toque da fé sincera. No entanto, se a renúncia a uma opinião, motivada por interesse, é um ato de covardia desprezível, ela é respeitável, ao contrário, quando é o fruto do reconhecimento do erro em que se estava; é, então, um ato de abnegação e de razão. Há mais coragem e grandeza em reconhecer abertamente que se está errado do que persistir, por amor-próprio, naquilo que se sabe ser falso, e para não dar um desmentido a si mesmo, o que acusa mais teimosia do que firmeza, mais orgulho do que julgamento, e mais fraqueza do que força. É mais ainda: é a hipocrisia, porque se quer parecer o que não se é; é, além disso, má ação, porque é encorajar o erro por seu próprio exemplo.

O laço estabelecido por uma religião, qualquer que lhe seja o objetivo, é, pois, um laço essencialmente moral, que religa os corações, que identifica os pensamentos, as aspirações, e não somente o fato de compromissos materiais, que se quebram à vontade, ou do cumprimento de fórmulas que falam aos olhos mais do que ao Espírito. O efeito desse laço moral é de estabelecer entre os que ele une, como consequência da comunhão de objetivos e de sentimentos, *a fraternidade e a solidariedade*, a indulgência e a benevolência mútuas. É nesse sentido que se diz também: a religião da amizade, a religião da família.

Se assim é, perguntar-se-á, o Espiritismo é, pois, uma religião? Pois bem, sim, sem dúvida, senhores! No sentido filosófico, o Espiritismo é uma religião, e disto nos glorificamos, porque é a doutrina que fundamenta os laços da fraternidade e da comunhão de pensamentos, não sobre uma simples convenção, mas sobre as bases mais sólidas: as próprias leis da Natureza.

Por que, pois, declaramos que o Espiritismo não é uma religião? Pela razão de que não há senão uma palavra para expressar duas ideias diferentes, e que, na opinião geral, a palavra religião é inseparável da de culto; que ela desperta exclusivamente uma ideia de forma, e que o Espiritismo não a tem. Se o Espiritismo se dissesse religião, o público não veria nele senão uma nova edição, uma variante, por assim dizer, dos princípios absolutos em matéria de fé; uma casta sacerdotal com um cortejo de hierarquias, de cerimônias e de privilégios; não o separaria das ideias de misticismo, e dos abusos contra os quais a opinião frequentemente se levanta.

O Espiritismo, não tendo nenhum dos caracteres de uma religião, na acepção usual da palavra, não se poderia, nem deveria, ornar-se de um título sobre o valor do qual, inevitavelmente, seria desprezado; eis por que ele se diz simplesmente: doutrina filosófica e moral.

As reuniões espíritas podem, pois, ser mantidas religiosamente, quer dizer, com o recolhimento e o respeito que comporta a natureza séria dos assuntos dos quais ela se ocupa; pode-se mesmo ali dizer, se for possível, as preces que, em lugar de serem proferidas em particular, são ditas em comum, sem que por isto que se entendam por *assembleias religiosas*. Que não se creia que esteja aí um jogo de palavras; a nuança é perfeitamente clara, e a aparente confusão não vem senão da falta de uma palavra para cada ideia.

Qual é, pois, o laço que deve existir entre os espíritas? Eles não são unidos entre si por nenhum contrato material, por nenhuma prática obrigatória; qual é o sentimento no qual devem se unir todos os pensamentos? Simplesmente em um sentimento todo moral, todo espiritual, todo humanitário: o da caridade para com todos, ou, de outro modo dito: o amor ao próximo que compreende os vivos e os mortos, uma vez que sabemos que os mortos sempre fazem parte da Humanidade.

A caridade é a alma do Espiritismo: ela resume todos os deveres do homem para consigo mesmo e para com os seus semelhantes; por isso, pode se dizer que não há verdadeiro Espírita sem caridade.

Mas a caridade é ainda uma dessas palavras de sentido múltiplo, da qual é necessário bem compreender todo o seu alcance; e se os Espíritos não cessam de pregá-la e de defini-la, é que, provavelmente, reconhecem que isto é ainda necessário.

O campo da caridade é muito vasto; ele compreende duas grandes divisões que, por falta de termos especiais, podem designar-se pelas palavras: *Caridade beneficente* e *caridade benevolente*. Compreende-se facilmente a primeira, que é naturalmente proporcional aos recursos materiais dos quais se dispõe; mas a segunda está ao alcance de todo mundo, do mais pobre como do mais rico. Se a beneficência é forçosamente limitada, nada além da vontade pode pôr limites à benevolência.

O que é preciso, pois, para praticar a caridade benevolente? Amar o próximo como a si mesmo: ora, amando-se ao próximo quanto a si mesmo, se o amará muito; agir-se-á para com outrem como se deseja que os outros ajam para conosco; não se desejará nem se fará mal a ninguém, porque não gostaríamos que no-lo fizessem.

Amar o próximo é, pois, abjurar todo sentimento de ódio, de animosidade, de rancor, de inveja, de ciúme, de vingança, em uma palavra, todo desejo e todo pensamento de prejudicar; é perdoar os inimigos e retribuir o mal com o bem; é ser indulgente para com as imperfeições dos semelhantes e não procurar a palha no olho do vizinho, quando que não se vê a trave que está no seu; é ocultar ou desculpar as faltas de outrem, em lugar de se comprazer em pô-las em evidência pelo espírito de denegrir; é ainda não se fazer valer à custa dos outros; de não procurar esmagar ninguém sob o peso de sua superioridade; de não desprezar ninguém por orgulho. Eis a verdadeira caridade benevolente, a caridade prática, sem a qual a caridade é uma palavra vã; é a caridade do verdadeiro espírita como do verdadeiro cristão; aquela sem a qual aquele que diz: *Fora da caridade não há salvação*, pronuncia a sua própria condenação, tanto neste mundo quanto no outro mundo.

Quantas coisas haveria a se dizer sobre este assunto! Quantas belas instruções nos dão, sem cessar, os Espíritos! Não fosse o medo de ser muito longo e de abusar de vossa paciência, senhores, seria fácil demonstrar que, em se colocando do ponto de vista do interesse pessoal, egoísta, desejando-se, porque todos os homens não estão ainda maduros para uma abnegação completa, fazer o bem unicamente pelo amor ao bem, seria, digo eu, fácil demonstrar que têm tudo a ganhar agindo dessa maneira e tudo a perder agindo de outro modo, mesmo em suas relações sociais; além disso, o bem atrai o bem e a proteção dos bons Espíritos; o mal atrai o mal e abre a porta à maldade dos maus. Cedo ou tarde, o orgulhoso será castigado pela humilhação, o ambicioso, pelas decepções, o egoísta, pela ruína de suas esperanças, o hipócrita, pela vergonha de ser desmascarado; aquele que abandona os bons Espíritos por eles é abandonado, e, de queda em queda, vê-se, finalmente, no fundo do abismo, ao passo que os bons Espíritos levantam e sustentam aquele que, em suas maiores provas, não deixa de confiar na Providência e não se desvia jamais do caminho reto; aquele, enfim, cujo secretos sentimentos não escondem nenhum pensamento dissimulado de vaidade ou de interesse pessoal. Portanto, de um lado, ganho assegurado; do outro, perda certa; cada um, em virtude do seu livre-arbítrio, pode escolher a chance que quer correr, mas não poderá queixar-se senão de si mesmo as consequências de sua escolha.

Crer em um Deus Todo-Poderoso, soberanamente justo e bom; crer na alma e em sua imortalidade; na preexistência da alma como única justificação do presente; na pluralidade das existências como meio de expiação, de reparação e de adiantamento intelectual e moral; na perfectibilidade dos seres mais imperfeitos; na felicidade crescente com a perfeição; na equitativa remuneração do bem e do mal, segundo o princípio: a cada um segundo as suas obras; na igualdade da justiça para todos, sem exceções, favores nem privilégios para nenhuma criatura; na duração da expiação limitada à da imperfeição; no livre-arbítrio do homem, que lhe deixa sempre a escolha entre o bem e o mal; crer na continuidade das relações entre o mundo visível e o mundo invisível, na solidariedade que religa todos os seres passados, presentes e futuros, encarnados e desencarnados; considerar a vida terrestre como transitória e uma das fases da vida do Espírito, que é eterno; aceitar corajosamente as provações, em vista de um futuro mais invejável do que o presente; praticar a caridade em pensamentos, em palavras e em ações na mais ampla acepção da palavra; esforçar-se cada dia para ser melhor do que na véspera, extirpando alguma imperfeição de sua alma; submeter todas as suas crenças ao controle do livre exame e da razão, e nada aceitar pela fé cega; respeitar todas as crenças sinceras, por irracionais que nos pareçam, e não violentar a consciência de ninguém; ver, enfim, nas diferentes descobertas da Ciência, a revelação das leis da Natureza, que são as leis de Deus: eis o *Credo, a religião do Espiritismo*, religião que pode se conciliar com todos os cultos, quer dizer, com todas as maneiras de adorar a Deus. É o laço que deve unir todos os espíritas em uma santa comunhão de pensamentos, à espera que una todos os homens sob a bandeira da fraternidade universal.

    Com a fraternidade, filha da caridade, os homens viverão em paz, poupando-se de males inumeráveis que nascem da discórdia, filha, a seu turno, do orgulho, do egoísmo, da ambição, da inveja e de todas as imperfeições da Humanidade.

    O Espiritismo dá aos homens tudo o que é preciso para a sua felicidade nesta Terra, porque lhes ensina a se contentarem com aquilo que têm; que os espíritas sejam, pois, os primeiros a aproveitar os benefícios que ele traz, e que inaugura entre eles o reino da harmonia, que resplandecerá nas gerações futuras.

Os Espíritos que nos cercam aqui são inumeráveis, atraídos pelo objetivo que nos propusemos em nos reunindo, a fim de darem aos nossos pensamentos a força que nasce da união. Ofertemos àqueles que nos são caros uma boa lembrança e um testemunho de nossa afeição, os encorajamentos e as consolações àqueles que deles têm necessidade. Façamos de maneira que cada um receba a sua parte dos sentimentos de caridade benevolente, da qual estamos animados, e que esta reunião traga os frutos que todos estão no direito de esperar.

Sociedade de Paris, 1º de novembro de 1868.

DISCURSOS PRONUNCIADOS SOBRE O TÚMULO

1869, maio.

EM NOME DA SOCIEDADE ESPÍRITA DE PARIS,

pelo vice-presidente Sr. Levent.

Senhores,

Venho em nome da Sociedade Espírita de Paris, da qual tenho a honra de ser o vice-presidente, expressar seu pesar pela perda cruel que vem de ter, na pessoa de seu venerado mestre o Sr. Allan Kardec, morto subitamente anteontem, quarta-feira, nos escritórios da *Revista*.

A vós, senhores, que, cada sexta-feira, vos reuníeis na sede da Sociedade, não tenho nenhuma necessidade de lembrar essa fisionomia ao mesmo tempo benevolente e austera, esse tato perfeito, essa justeza de apreciação, essa lógica superior e incomparável que nos parecia inspirada.

A vós que partilháveis todos os dias da semana os trabalhos do mestre, não exporei seus labores contínuos, suas correspondências com as quatro partes do mundo, que lhe enviavam documentos sérios, classificados logo *em sua memória* e recolhidos preciosamente para serem submetidos ao cadinho de sua alta razão, e formar, depois de um trabalho de elaboração escrupulosa, os elementos dessas preciosas obras que todos conheceis.

Ah! Se, como a nós, vos fosse dado ver essa massa de materiais acumulados no gabinete de trabalho desse infatigável pensador; se, conosco, tivésseis penetrado no santuário de suas meditações, veríeis esses manuscritos, uns quase terminados, outros em curso de execução, outros, enfim, apenas esboçados, esparsos aqui e ali, e que pareciam dizer: Onde está, pois, nosso mestre, sempre tão madrugador no trabalho?

Ah! Mais do que nunca, exclamaríeis também, com acentos de lamentos de tal modo amargos, que lhe seriam quase ímpios: Era preciso Deus ter chamado a Ele o homem que poderia ainda fazer tanto bem? A inteligência tão plena de seiva, o farol, enfim, que nos tirou das trevas e nos fez entrever esse novo mundo mais vasto e admirável, quanto aquele que imortalizou o gênio de Cristóvão Colombo? Esse mundo, do qual ele havia apenas começado a nos fazer a descrição, e do qual já pressentíamos as leis fluídicas e espirituais.

Mas tranquilizai-vos, senhores, por este pensamento tantas vezes demonstrado e lembrado por nosso presidente: "Nada é inútil na Natureza, tudo tem a sua razão de ser, e o que Deus faz é sempre bem feito."

Não nos assemelhemos a essas crianças indóceis, que, não compreendendo as decisões de seu pai, se permitem criticá-lo, às vezes mesmo censurá-lo.

Sim, senhores, disto tenho a convicção mais profunda e vo-la expresso claramente: a partida de nosso caro e venerado mestre era necessária!

Não seríamos, aliás, ingratos e egoístas se, não pensando senão no bem que ele nos fazia, nos esquecêssemos do direito que ele havia adquirido de ir fazer algum repouso na celeste pátria, onde tantos amigos, tantas almas de elite o esperavam e vieram recebê-lo depois de uma ausência que, a eles, também pareceu muito longa.

Oh! Sim, é alegria, é grande festa no Alto, e essa festa e essa alegria somente se igualam à tristeza e ao luto que causam sua partida entre nós, pobres exilados, cujo tempo não chegou ainda! Sim, o mestre havia cumprido a sua missão! É a nós que nos cabe prosseguir a sua obra, com a ajuda dos documentos que nos deixou, e daqueles, mais preciosos ainda, que o futuro nos reserva. A tarefa será fácil, disto estais seguros, se cada um de nós ousar se afirmar corajosamente; se cada um de nós compreender que a luz que ele recebeu deve ser propagada e comunicada aos seus irmãos; se cada um de nós, enfim, tiver a memória do coração para com nosso lamentado presidente, e souber compreender o plano de organização que levou a última marca de sua obra.

Continuaremos, pois, teus labores, caro mestre, sob teu eflúvio benfazejo e inspirador; recebe aqui a promessa formal disso. É a melhor marca de afeição que podemos te dar.

Em nome da Sociedade Parisiense dos Estudos Espíritas, não te dizemos adeus, mas *até logo, até breve!*

O AGENTE DE PROPAGAÇÃO MAIS PODEROSO É O EXEMPLO

Pelo Espírito *Allan Kardec*

1869, junho.

VENHO ESTA NOITE, MEUS AMIGOS, FALAR-VOS POR ALguns instantes. Na última sessão, eu não respondi, pois estava ocupado em outra parte. Nossos trabalhos como Espíritos são muito mais extensos do que o podeis supor, e os instrumentos de nossos pensamentos nem sempre estão disponíveis. Tenho ainda alguns conselhos a vos dar sobre a marcha que deveis seguir frente ao público, com o objetivo de fazer progredir a obra à qual devotei minha vida corpórea, cujo aperfeiçoamento prossigo na erraticidade.

O que vos recomendarei, primeiro e sobretudo, é a tolerância, a afeição, a simpatia em relação de uns para com os outros, e também para com os incrédulos.

Quando vedes na rua um cego, o primeiro sentimento que se vos impõe é a compaixão; que isto ocorra do mesmo modo com os vossos irmãos cujos olhos estão fechados e velados pelas trevas da ignorância ou da incredulidade; lamentai-os antes de censurá-los. Mostrai, pela vossa doçura, a vossa resignação para suportar os males desta vida, a vossa humildade em meio às satisfações, às vantagens e às alegrias que Deus vos envia; mostrai que há em vós um princípio superior, uma alma obediente a uma lei, a uma verdade também superior: o Espiritismo.

As brochuras, os jornais, os livros, as publicações de toda sorte são meios poderosos de introduzir por toda parte a luz, mas o mais seguro, o mais íntimo e o mais acessível a todos é o exemplo na caridade, na doçura e no amor.

Agradeço à Sociedade por vir em ajuda aos infortunados que lhe são indicados. Eis o bom Espiritismo, eis a verdadeira fraternidade. Ser irmãos: é ter os mesmos interesses, os mesmos pensamentos, o mesmo coração!

Espíritas, vós sois todos irmãos na mais santa acepção da palavra. Em vos pedindo para vos amar uns aos outros, não faço senão lembrar as divinas palavras daquele que, há mil e oitocentos anos, trouxe à Terra o primeiro germe da igualdade. Segui a Sua lei, ela é a vossa; nada fiz senão tornar mais palpável alguns desses ensinamentos. Obscuro operário daquele mestre, daquele Espírito superior emanado da fonte de luz, refleti essa luz como o verme luzente reflete a claridade de uma estrela. Mas a estrela brilha nos Céus e o verme luzente brilha sobre a terra, nas trevas, tal é a diferença.

Continuai as tradições que vos deixei ao partir.

Que o mais perfeito acordo, a maior simpatia, a mais sincera abnegação reinem no seio da Comissão. Ela saberá, eu o espero, cumprir com honra, fidelidade e consciência o mandato que lhe foi confiado.

Ah! Quando todos os homens compreenderem tudo o que encerram as palavras amor e caridade, não haverá mais sobre a Terra nem soldados nem inimigos; nela, não haverá mais do que irmãos; não haverá mais os olhares irritados e ferozes, não haverá senão frontes inclinadas para Deus!

Até breve, caros amigos, e obrigado ainda em nome daquele que não esquece o copo d'água e o óbolo da viúva.

Sociedade de Paris,
sessão de 30 de abril de 1869.

DISSERTAÇÕES ESPÍRITAS

Pelo Espírito *Allan Kardc*

1869, maio.

NÃO NOS PERMITINDO, PELA ABUNDÂNCIA DAS MA-
*térias, publicar atualmente todas as instruções dita-
das por ocasião dos funerais do Sr. Allan Kardec, nem
mesmo todas aquelas que ele mesmo deu, reunimos,
numa só e através de uma única comunicação, os ensinamentos de interesse geral, obtidos por intermédio de
diferentes médiuns.*

Como vos agradecer, senhores, pelos vossos bons sentimentos e pelas verdades eloquentes expressadas sobre meus restos mortais; disto não duvideis, eu estava presente e profundamente feliz, tocado pela comunhão de pensamentos que nos unia pelo coração e pelo espírito.

Obrigado, meu jovem amigo (Sr. C. Flammarion), obrigado por vos haverdes afirmado, como o fizestes; vós vos exprimistes com calor; assumistes uma responsabilidade grave, séria, e esse ato de independência vos será duplamente contado; não tereis nada perdido em dizer o que as vossas convicções e a Ciência vos impõem.

Em agindo assim, podeis ser discutido, mas sereis honrado a justo título.

Obrigado a vós todos, caros colegas, meus amigos; obrigado ao jornal *Paris*, que começa um ato de justiça, pelo artigo de um bravo e digno coração.

Obrigado, caro vice-presidente. Senhores Delanne e E. Muller, recebei a expressão de meus sentimentos de viva gratidão, vós todos que apertastes afetuosamente, hoje, a mão de minha corajosa companheira.

Como homem, estou muito feliz pelas boas lembranças e pelos testemunhos de simpatia que me prodigalizais; como espírita, eu vos felicito pelas determinações que tomastes para assegurar o futuro da Doutrina; porque, se o Espiritismo não é minha obra, pelo menos, eu lhe dei tudo o que as forças humanas me permitiram lhe dar. É como colaborador enérgico e convicto, como combatente de todos os instantes, da grande Doutrina deste século, que eu a amo, e ficaria infeliz se a visse perecer, se tal coisa fosse possível.

Ouvi, com um sentimento de profunda satisfação, o meu amigo, vosso novo e digno presidente, dizer-vos: "Ajamos de acordo; vamos despertar os que há muito tempo não raciocinam mais; vamos reavivar os que raciocinam! Que não seja Paris, que não seja a França o teatro de vossa ação; vamos por toda parte! Vamos dar à Humanidade inteira a mão que lhes faz falta; vamos dar o exemplo da tolerância que ela esquece, da caridade que ela conhece tão pouco!"

Agistes para assegurar a vitalidade da Sociedade; está certo. Tendes o desejo sincero de caminhar com firmeza no sulco traçado, está ainda certo; mas não basta querer hoje, amanhã, depois de amanhã; para ser digno da Doutrina, é preciso querer sempre! A vontade, que age por impulsos, não é mais vontade; é o capricho no bem; mas, quando a vontade se exerce com a calma que nada perturba, com a perseverança que nada detém, ela é a verdadeira vontade, inabalável em sua ação, frutífera em seus resultados.

Sede confiantes em vossas forças; elas produzirão grandes efeitos se as empregardes com prudência; sede confiantes na força da ideia que vos reune, porque ela é indestrutível. Pode-se ativá-la ou retardar-lhe o desenvolvimento, mas detê-la é impossível.

Na fase nova em que entramos, a energia deve substituir a apatia; a calma deve substituir o ímpeto. Sede tolerantes uns para com os outros; agi sobretudo pela caridade, pelo amor, pela afeição. Oh! Se conhecêsseis todo o poder dessa alavanca! Foi dela que Arquimedes pôde dizer, que com ela ergueria o mundo! Vós o erguereis, meus amigos, e essa transformação esplêndida, que se efetuará por vós em proveito de todos, marcará um dos mais maravilhosos períodos da história da Humanidade.

Coragem, pois, e esperança. A esperança!... Esse facho que os vossos irmãos infelizes não podem perceber através das trevas do orgulho, da ignorância e do materialismo, não o afasteis ainda mais de seus olhos. Amai-os; fazei com que vos amem, que vos escutem, que vos olhem! Quando eles tiverem visto, ficarão deslumbrados.

Quanto serei feliz então, meus amigos, meus irmãos, ao ver que meus esforços não terão sido inúteis, e que o próprio Deus terá abençoado a nossa obra! Nesse dia, haverá no Céu uma grande alegria, um grande êxtase! A Humanidade será libertada do jugo terrível das paixões, que a aprisionam e oprimem com um peso esmagador. Não haverá mais, então, sobre a Terra, nem mal, nem sofrimento, nem dor; porquanto os verdadeiros males, os sofrimentos reais, as dores cruciais vêm da alma. O resto não é senão o roçar leve de uma sarça sobre uma veste!...

Ao clarão da liberdade e da caridade humanas, todos os homens, reconhecendo-se, dirão: "Nós somos irmãos" e somente terão no coração um mesmo amor, na boca, uma só palavra, nos lábios, um único murmúrio: Deus!

Sociedade de Paris, abril de 1869.

IDE | Livro com propósito

No ano de 1963, Francisco Cândido Xavier ofereceu a um grupo de voluntários o entusiasmo e a tarefa de fundarem um periódico para divulgação do Espiritismo. Nascia, então, o Instituto de Difusão Espírita - IDE, cujo nome e sigla foram também sugeridos por ele.

A partir daí, muitos livros foram sendo publicados, e o Instituto de Difusão Espírita se tornou uma entidade de utilidade pública, assistencial e sem fins lucrativos, mantendo-se fiel à sua finalidade de publicar as bases da Doutrina Espírita, tendo como foco principal as Obras Básicas de Allan Kardec, a preços populares, além dos mais de 300 títulos, muitos psicografados por Chico Xavier.

Além da editora, o Instituto de Difusão Espírita também se desenvolveu em outras frentes de trabalho, voltadas à assistência e promoção social, como albergue noturno, acolhimento de pessoas em situação de rua, assistência e auxílio às famílias em situação de vulnerabilidade social, além dos trabalhos de evangelização infantil, mocidade espírita, artes, cursos doutrinários e assistência espiritual (passes).

Agora, na era digital, a IDE Editora foi a pioneira em disponibilizar para download as suas obras editadas da Codificação no site ideeditora.com.br, **gratuitamente**.

A você, que prestigia os livros da IDE Editora, nosso muito obrigado, e esperamos sempre contar com sua ajuda e consideração na divulgação da Doutrina Espírita.

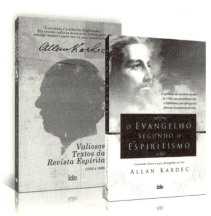

Este e outros livros da *IDE Editora* subsidiam a manutenção do baixíssimo preço das *Obras Básicas de Allan Kardec*, mais notadamente *"O Evangelho Segundo o Espiritismo"*, **edição econômica**.

Pratique o *"Evangelho no Lar"*

ideeditora.com.br

Acesse e cadastre-se para receber
informações sobre nossos lançamentos.

     INSTITUTO
                         DE DIFUSÃO
                         ESPÍRITA

IDE Editora é apenas um nome fantasia utilizado pelo INSTITUTO DE DIFUSÃO ESPÍRITA, entidade sem fins lucrativos, que promove extenso programa de assistência social, e que detém os direitos autorais desta obra.